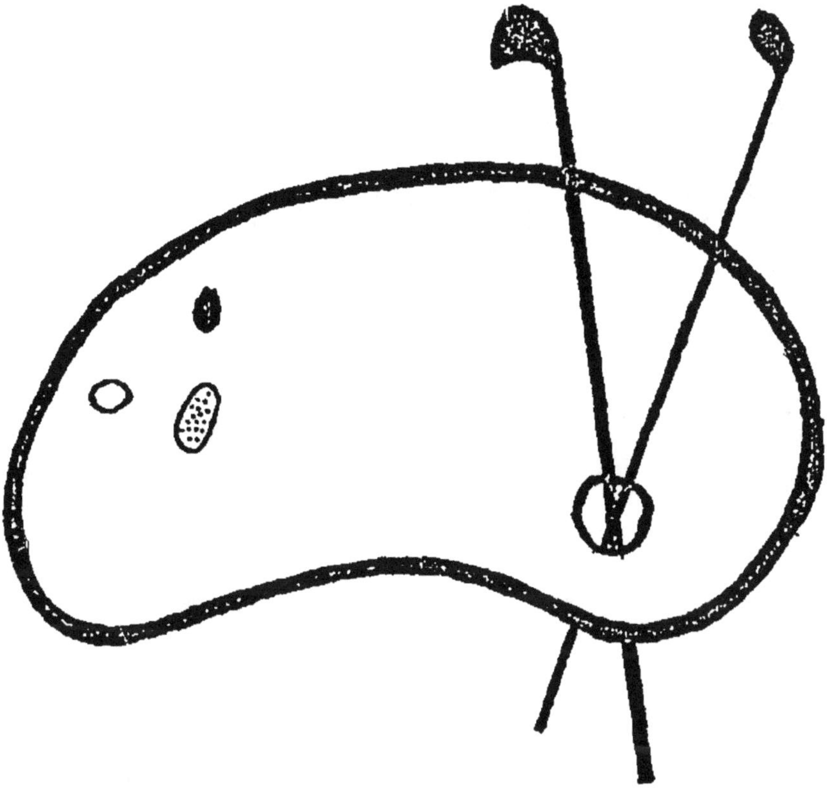

COUVERTURE SUPERIEURE ET INFERIEURE
EN COULEUR

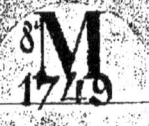
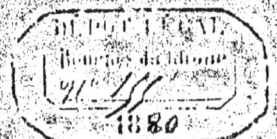

NORDENSKIOLD

CHEF DE L'EXPÉDITION DE LA *VEGA*

ET

SON RETOUR EN EUROPE

PAR

P. F. BAINIER

Licencié ès-sciences,
Sous-Directeur de l'École Supérieure de Commerce de Marseille,
Secrétaire général de la Société de Géographie,
Ancien professeur à l'École Supérieure de Commerce de Mulhouse
et au Gymnase protestant de Strasbourg,
Membre honoraire correspondant de plusieurs Sociétés savantes.

(Carte du Pôle Nord et photographie de M. Nordenskiold.)

MARSEILLE

TYP. ET LITH. BARLATIER-FEISSAT PÈRE ET FILS

Rue Venture, 19

1880

OUVRAGES DU MÊME AUTEUR

Cours de Géographie commerciale de l'École supérieure de Commerce de Marseille, comprenant la Géographie commerciale générale du globe, celle de la France et des autres pays de l'Europe, 1 vol. in-8, de plus de 700 pages, autographié *(épuisé)*. Prix . . . . 20 fr.

Cours de Géographie commerciale de l'École supérieure de Commerce de Marseille, comprenant l'Afrique, 1 vol. in-8, de plus de 600 pages, autographié *(épuisé)*. Prix. . . . . 20 fr.

Géographie commerciale de l'Algérie, 1 vol. in-8 de 104 pages, autographié *(épuisé)*. Prix . . . . 5 fr.

<small>Ces ouvrages ont obtenu une médaille au Congrès international géographique de Paris en 1875.</small>

Atlas des plantes utiles au Commerce et à l'Industrie, comprenant plus de 80 planches, 1 vol. in-8.

La Géographie appliquée à la Marine, au Commerce, à l'Agriculture, à l'Industrie et à la Statistique, comprenant 4 volumes in-8, éditée par Eug. Belin, libraire, 52, rue de Vaugirard, à Paris.

    1° **Géographie générale. France,** 865 pages. . . Prix 20 fr.
    <small>Cet ouvrage a obtenu le prix Beaujour de 3000 fr. de la Ville de Marseille.</small>

    2° **L'Afrique,** 912 pages. Prix. . . . . 20 fr.
    <small>Ce volume a obtenu une médaille d'or grand module de la Société climatologique d'Alger.</small>

    3° **L'Europe** *(sous presse)*

    4° **L'Asie, l'Océanie et l'Amérique** *(en préparation)*.

    5° **Atlas des Écoles** *(en préparation)*.

Choix de Lectures scientifiques extraites de nos Auteurs scientifiques, à l'usage des élèves des écoles primaires supérieures et des Écoles normales primaires *(en préparation)*.

NORDENSKIOLD

CHEF DE L'EXPÉDITION DE LA *VEGA*

ET

SON RETOUR EN EUROPE

PAR

P. F. BAINIER

Licencié ès-sciences,
Sous-Directeur de l'École Supérieure de Commerce de Marseille,
Secrétaire général de la Société de Géographie,
Ancien professeur à l'École Supérieure de Commerce de Mulhouse
et au Gymnase protestant de Strasbourg,
Membre honoraire correspondant de plusieurs Sociétés savantes.

(*Carte du Pôle Nord et photographie de M. Nordenskiold.*)

MARSEILLE

TYP. ET LITH. BARLATIER-FEISSAT PÈRE ET FILS

Rue Venture, 19

1880

NORDENSKIOLD

Chef de l'Expédition de la **VEGA**.

A

MES CHERS ÉLÈVES

DE

L'ÉCOLE SUPÉRIEURE DE COMMERCE

DE MARSEILLE

Hommage de dévouement

P. BAINIER.

Marseille, 10 juin 1880.

RÉCEPTION

DE

L'EXPÉDITION NORDENSKIOLD

EN EUROPE

Parti de Tromsoë, le 21 juillet 1878, le vapeur la *Vega*, après avoir traversé l'Océan glacial du nord, de l'ouest à l'est, et être revenu en Europe par le détroit de Behring, l'océan Pacifique, la mer des Indes, la mer Rouge et le canal de Suez, a achevé le périple de l'Europe et de l'Asie en s'arrêtant dans les ports de Naples, de Lisbonne, de Plymouth, de Boulogne, de Flessingue et de Copenhague, d'où il s'est rendu à Stockholm. Il arrivait à Naples, le 14 février 1880, vers deux heures du soir et à Stockholm le 24 avril.

On sait que le commandement suprême de cette expédition était confié au professeur A. E. Nordenskiold ; celui du navire au capitaine L. Palander, son collaborateur depuis treize ans. Venaient ensuite : le lieutenant E. Brusewitz, commandant en second ; le docteur E. Almquist, chirurgien ; le docteur F. Kjellmann, botaniste ; le docteur A. Stuxberg, zoologiste ; le lieutenant G. Bove, de la marine italienne, hydrographe, chef du service des montres et des observations astronomiques ; le lieutenant A. Howgaard, de la marine suédoise, météorologiste et interprète ; le lieutenant O. Nordquist, de la garde russe, linguiste et interprète.

La *Vega* était approvisionnée pour deux ans et emportait naturellement, en outre des appareils scientifiques et des accoutrements et ustensiles de tout genre, indispensables dans les mers polaires, une notable quantité de substances antiscorbutiques, et notamment des conserves au vinaigre, des citrons, du raifort, des confitures de Canneberge, etc.

Le régime alimentaire avait été l'objet d'études préliminaires approfondies et de règlements dont la stricte exécution était obligatoire pour tous.

Il y a vingt-cinq ans que Nordenskiold songeait à cette expédition, et il y en a vingt-deux qu'il s'y préparait. La première expédition tentée en vue d'exécuter le passage du Nord-Est, c'est-à-dire le passage de l'Atlantique au Pacifique par la mer Polaire, au nord de la Sibérie, fut organisée, il y a plus de 300 ans, par le grand navigateur français Sébastien Cabot.

Cette expédition fut désastreuse ; l'Anglais Willoughby, qui la commandait, périt avec tout son équipage sur les côtes de la Laponie (1533). De nombreuses expéditions furent tentées vainement dans le même but, et il fut généralement admis que l'entreprise était irréalisable.

Nordenskiold ne se laissa pas rebuter par ces antécédents si tragiques et si peu rassurants. Il revint de ses voyages de 1875 et 1876 à la mer de Kara avec la conviction que le passage Nord-Est était réalisable, et il parvint à faire partager son opinion au monde savant de la Suède. Son appel fut entendu et les souscriptions affluèrent. En tête de la liste, M. Dickson s'était inscrit pour la somme de *trois cent mille francs*. Aussi est-ce lui que le professeur Nordenskiold a toujours considéré comme le véritable père de son entreprise, et c'est à ce généreux donateur que toutes ses lettres et ses mémoires ont été adressés au cours du voyage.

Le roi de Suède avait de son côté souscrit pour 55,000 francs, et M. Alexandre Sibériakoff pour une somme égale. Les 500,000 francs requis furent bientôt couverts et les préparatifs purent être activement poussés.

C'est M. Dickson qui se chargea d'acheter le navire. Il arrêta son choix sur un baleinier à vapeur de trois cents tonneaux, la *Vega*, sorti en 1873 des chantiers de Brême, spécialement construit en chêne pour la navigation arctique, avec un revêtement extérieur ou *épiderme à glace* de chêne vert. La *Vega* a une longueur totale de 50 mètres sur le pont, de 42 mètres à la quille, une largeur de 29 et une profondeur de cale de 6. Le navire est très-bon voilier et possède une machine de la force de 60 chevaux. Il file 4 à 5 nœuds à l'heure. Au mois de juin 1878, tout était prêt pour le départ.

La *Vega* quitta Gothembourg le 4 juillet et relâcha le 21 du même mois à Tromsoë, où le professeur Nordenskiold vint joindre l'expédition. L'équipage de la *Vega* était formé de dix-huit matelots de la marine de l'État, choisis parmi deux cents volontaires qui s'étaient offerts à partir, et de trois chasseurs de morses norvégiens. Sur la proposition de M. Woern, député à la seconde chambre suédoise et président de l'*Association du commerce maritime de Suède*, la diète avait voté des fonds pour la solde et l'entretien de cet équipage.

Après ces quelques mots sur l'organisation et le but de l'expédition suédoise, et avant de rendre compte des réceptions enthousiastes faites en Europe à l'illustre explorateur, nous allons donner une courte notice biographique du professeur *Adolphe Erik Nordenskiold*, l'homme le plus modeste du monde, un vrai type de savant de vieille roche, un homme de laboratoire, un chimiste, un géologue, un homme passionnément attaché à sa spécialité, qui est de voir ce que les autres n'ont pas vu et de passer où personne ne l'a précédé. Ce n'est donc pas un marin de profession qui vient d'accomplir le plus grand tour de force maritime du siècle. Il a tout conçu, dirigé, ordonné de son cabinet ou de sa cabine. Il est de taille moyenne, très-robuste sans en avoir l'air, avec des muscles d'acier sous sa peau blanche et fine. Sa tête est ronde, le front puissant ; une moustache blonde, un peu rude, orne la lèvre supérieure ; myope, il porte pince-nez. Il a une bonne figure scandinave qui respire la franchise, l'énergie et la douceur.

Biographie de Nordenskiold.

Nordenskiold est né, le 18 novembre 1832, à Helsingfors, dans le petit domaine de Frugor, au milieu des sombres forêts du département de Nyland, en Finlande. C'est un Russe de la Finlande naturalisé Suédois. Son père était Gustave Nordenskiold, naturaliste distingué, chef du département des mines de la Finlande, et sa mère Marguerite Sophie de Hartmann. Il est le troisième par rang d'âge de sept enfants, dont trois frères et trois sœurs, qui tous, à l'exception d'une sœur, sont actuellement vivants. Sa famille s'est signalée depuis très longtemps par un ardent amour de la nature et des recherches scientifiques.

Gustave Nordenskiold, le père de l'explorateur actuel, naquit en 1792 et mourut le 21 février 1866, à Frugor. Il avait fait ses études à l'Université d'Upsal, et fut, pendant plusieurs années, l'élève et l'ami intime du célèbre chimiste Berzélius. Connu de bonne heure comme minéralogiste distingué, il fut nommé inspecteur des Mines par le Gouvernement de la Finlande. Grâce à la libéralité de l'État, il put entreprendre de nombreux voyages qui lui permirent d'entrer en relation avec la plupart des grands chimistes et minéralogistes de France, d'Allemagne et d'Angleterre.

A son retour en Finlande, en 1824, il fut nommé chef du département des Mines, et consacra trente années d'une activité sans relâche à l'amélioration de cette branche importante de l'industrie du pays. Il parcourut tout le pays, publia beaucoup d'ouvrages et participa à la rédaction d'un grand nombre de publications périodiques scientifiques. Il constitua dans sa ville natale de Frugor des collections d'histoire naturelle très-précieuses et une belle bibliothèque. C'est entre cette riche collection minéralogique rassemblée par son père et les trésors d'une bibliothèque pieusement créée par toute une famille de savants que se passa la première enfance de celui qui devait à tout jamais illustrer le nom de Nordenskiold.

A treize ans, il fut envoyé avec son frère aîné au collège de Borgo, où il se distingua d'abord par son peu d'assiduité pendant la première année ; plus tard, il devint un bûcheur et arriva bien vite à mériter les meilleures notes parmi les élèves du collège. En 1848, il fut renvoyé, pour insubordination, avec une bonne moitié de ses camarades. Il entra, en 1849, à l'Université d'Helsingfors, et se voua principalement à l'étude de la chimie, de la physique, des mathématiques, de l'histoire naturelle et surtout de la minéralogie et de la géologie.

Déjà, avant de devenir étudiant, il avait accompagné son père dans des excursions minéralogiques dans les districts miniers de la Finlande. Il était né géologue, pour ainsi dire, et l'usage du marteau, du chalumeau et de la lampe d'émailleur n'avait plus de secrets pour lui à l'âge où les enfants ne songent guère qu'au jeu.

En 1853, après avoir été reçu le premier de tous aux examens d'aspirant au corps des Mines, il accompagna son père dans une excursion minéralogique aux gisements de fer et de cuivre du prince Demidoff, dans l'Oural, à Tagilisk. C'est là qu'il faut placer le point de départ de son goût pour les grandes explorations, et qu'il projeta à travers la Sibérie un grand voyage que la guerre de Crimée vint ajourner. Ici se placent les persécutions politiques qui l'amenèrent à renoncer à la nationalité russe pour se réclamer de sa vraie patrie, la Suède. Il a raconté lui-même, dans une notice autobiographique des plus attachantes, comment il fut obligé d'en venir à cette décision par les mauvais procédés du gouverneur de la province de Finlande, le comte de Von Berg. Nous lui passons volontiers la parole :

« Après mon retour à Helsingfors, dit-il, je continuai avec ardeur mes études chimiques et minéralogiques, et je pris pour sujet de ma thèse pour la licence, une étude sur les formes des cristaux du graphite et de la chondrodite. Cette thèse fut discutée sous la présidence du professeur Arppé le 28 février 1855. L'année suivante, je publiai un ouvrage plus important : *Descriptions des minerais trouvés en Finlande*. Plusieurs autres courtes études que je fis sur la minéralogie et la chimie moléculaire furent imprimées dans *les Actes de la Société des sciences de Finlande*. Je publiai aussi, avec la collaboration du docteur Nylander, les *Mollusques de Finlande* (Helsingfors 1856), comme réponse à un concours ouvert par la faculté. Pendant l'intervalle, j'avais été nommé directeur de la faculté de mathématiques et de physique. On me nomma en même temps ingénieur des mines, sans emploi actif.

« Je ne jouis pas longtemps des émoluments attachés à ces situations. Avant que six mois se fussent écoulés, je fus révoqué par suite de quelques mots sur la politique que j'avais prononcés à la taverne Tholö, dans un banquet que nous avions organisé le 30 novembre 1855. Le cercle joyeux d'étudiants dont je faisais partie, avait décidé qu'au lieu de célébrer les anniversaires particuliers de chacun de nous, on les réunirait dans une grande fête générale avec musique militaire, décorations, guirlandes, etc. Tout se passa d'une façon charmante et, en fait, la discussion politique, qui était assez habituelle parmi nous, fut, ce jour-là, presque complètement oubliée. Malheureusement les apparences étaient contre nous.

« Avouons que nous nous étions déjà si souvent mêlés de politique que les récits véridiques sur ce qui avait eu lieu cette fois, furent reçus partout avec réserve. Voici comment les choses se sont passées :

« Quelque temps avant, Palmerston avait fait son fameux discours sur la prise des forteresses de la Baltique. Un de nous, K. Veterhof, fit une parodie de ce discours. On continua par des toasts aux vins français, aux fruits de Crimée, aux sardines, etc., et le tout en pure plaisanterie. Nous avions tous été mêlés cent fois à des affaires plus graves, mais ce jour-là les choses se passaient en grand et ce fut notre tort. Nous avions un corps de musique finois qui accompagnait les toasts d'airs nationaux. Le chef de musique se crut obligé de faire un rapport à son chef ; il déclara toutefois que tout s'était passé en pure plaisanterie. Le chef était vexé que nous n'eussions pas employé un corps de musique russe, qui n'aurait rien compris à nos discours et aurait par conséquent rendu tout rapport impossible. Tout ce qu'il crut pouvoir faire pour nous, fut de retarder l'envoi de cette accusation le plus longtemps possible. Il pensait qu'il nous serait ainsi permis de tâcher d'arranger l'affaire.

« Ceci paraissait d'abord facile à faire ; mais le gouverneur général prit connaissance de la liste des délinquants. Frappé d'étonnement, il dut probablement se dire : Ah ! diable !... mais ce sont tous de vieilles connaissances ! En effet, la plupart de nous étaient déjà connus de lui pour une raison qui ne pouvait pas lui être agréable.

« Quand il avait accepté la situation de gouverneur général de la Finlande pendant la guerre de Crimée, le comte de Berg, connaissant peu l'esprit d'un pays où chacun parlait librement et où, d'un autre côté, il n'y avait jamais eu trace de société secrète ni de complot, se montra fort alarmé des rapports exagérés qui lui parvenaient sur la situation des esprits de la population ; il essaya alors de se procurer des espions.

« Parmi eux, se rencontra un jeune étudiant qu'il envoya à Stockholm pour y découvrir les auteurs d'articles envoyés dans la Finlande aux journaux suédois. Ce jeune homme, à son retour, devait servir d'espion parmi les étudiants. Un haut fonctionnaire employé dans le bureau de M. de Berg eut connaissance de ce fait, et indigné par cet emploi de l'espionnage dans la vie privée, en informa quelques étudiants sur la discrétion desquels il pouvait compter. Il les engagea même à faire un exemple. Ils ne se le firent pas dire deux fois.

« Quelques étudiants, des plus influents, se réunirent dans une maison particulière. L'inculpé y fut convié sous un prétexte quelconque. Pensant qu'il s'agissait de quelque réunion littéraire, il s'y rendit, très flatté de l'attention qu'on lui montrait. A peine fut-il entré que la porte fut refermée derrière lui. On lui adressa ces paroles :

« — Nous avons la preuve que vous êtes un espion !

« Pâle comme la mort, et après quelques moments d'hésitation :

« — Je dois avouer, bulbutia-t-il, qu'on m'a fait des offres de ce genre, mais je n'ai pas accepté.

« C'était un commencement d'aveu ; une confession entière suivit bientôt : on lui intima l'ordre de quitter l'université et la ville.

« Le gouverneur général presque hors de lui en apprenant que nous connaissions si bien ses plus grands secrets, essaya d'abord de prendre l'espion sous sa protection, mais il fut bientôt obligé d'y renoncer. Protéger un mouchard est une tâche impossible même pour un gouverneur général presque tout-puissant.

« Le malheureux jeune homme, qui ne manquait pas de talent, fut nommé à un poste en Russie et disparut de Helsingfors. Le comte de Berg garda la liste des membres du tribunal et promit bien de s'en rappeler au besoin.

« Cette affaire de Tholö lui fournit une excellente occasion. Les premiers sacrifiés furent les chanteurs invités à la fête, jeunes étudiants de goûts artistiques, peu adonnés à la politique, mais qui, animés par les discours et le vin, s'étaient mis, en traversant les rues de la ville, à entonner *la Marseillaise*. Topelius y ajouta quelques vers offensants pour les Russes. Tous ces jeunes gens furent expulsés pour une année. Quant à moi je reçus ma double révocation sans plus de cérémonie.

« Nous supportâmes tous notre malheur assez paisiblement ; je me procurai de l'argent, et je fis le voyage de Berlin en passant par Saint-Pétersbourg. Pendant mon séjour dans cette dernière ville, je rencontrai inopinément mon père, revenu plus tôt qu'il ne l'espérait d'un nouveau voyage dans l'Oural. Il fut très surpris de rencontrer son fils en ce lieu, mais, après explications, il approuva vivement mon voyage et me donna des lettres d'introduction pour ses amis de Berlin, les frères Rose, Mitscherlich, etc.

« Je restai à Berlin pendant le printemps et l'été de 1856, m'occupant de recherches d'analyse minérale dans le laboratoire de Rose. Je profitai en outre de cette occasion pour faire la connaissance des savants les plus éminents de la ville. Grâce au nom bien connu de mon père, je fus accueilli par eux de la façon la plus brillante.

« Pendant l'été de cette même année, je retournai en Finlande en passant par la Suède. Le professeur Arppé, doyen de la faculté de mathématiques et de physique, me demanda si je voulais me proposer pour la chaire nouvellement créée de minéralogie et de géologie, ou si je préférais entreprendre des voyages d'exploration au moyen de subventions considérables accordées dans ce but par l'université. Je voulais prendre ce dernier parti, mais mon ami, le philologue si connu Almquist, eut la préférence ; néanmoins on me fit la promesse formelle de me dédommager au moyen de la subvention Alexandre qui devait être libre dans quelques mois.

« Le plan de voyage que je me proposais était une excursion géologique en Sibérie et spécialement au Kamtchatka ; ce projet fut bientôt abandonné, mais aujourd'hui, après vingt ans, j'espère encore mener à bonne fin une expédition scientifique dans ces régions, en adoptant un plan plus large que je n'aurais pu le faire à cette époque.

« Immédiatement après, j'obtins la subvention Alexandre pour un voyage d'étude à travers l'Europe. Cependant, avant de partir, je désirais assister aux fêtes de promotion de 1857 ; je devais en effet y recevoir les diplômes de maître et de docteur, avec la première place d'honneur parmi les maîtres et la seconde parmi les docteurs. Cette promotion devait être une transition inattendue dans mon existence.

« Sur l'invitation des jeunes lauréats, une députation était venue d'Upsal et de Lund ; elle se composait d'un professeur et de cinq élèves éminents. Ils furent reçus par nous et partout, pendant leur voyage en Finlande, de la manière la plus cordiale. On prononça de nombreux discours en leur honneur, et, je dois l'avouer, même nos aînés ne mettaient aucune mesure dans l'expression de leur amour pour la vieille patrie bien-aimée.

« Le général comte de Berg fut assez puéril pour considérer comme une trahison cette réception basée sur le souvenir du passé et qui n'était que le payement d'une dette nationale. Ce qui est une circonstance atténuante pour M. de Berg, c'est qu'il n'avait pas encore pu comprendre l'antagonisme qui existait alors entre le despotisme russe et notre vieille liberté.

« A cette fête, on me demanda, à moi qui prenais rarement la parole, de porter un toast et, en raison de ma position comme nouveau docteur, je ne pouvais guère décliner l'honneur qui m'était fait. Mon discours ne fut pas long. Il était naturellement conçu dans l'esprit qui présidait à cette fête. Il fut, disons-le, peut-être un peu plus accentué que d'autres qui eurent la bonne fortune de ne pas exciter l'attention. Je terminai en citant une strophe de Vatterhof dans laquelle il parle de *nos souvenirs communs* et de *l'avenir de la Finlande*.

« La première partie de mon discours n'était que le développement de ces mêmes idées exprimées d'une façon prudente et enjolivées de quelques figures de rhétorique. Ces ornements du discours sont, on le sait, aussi nécessaires que le sel à la viande. Salai-je trop mon discours ou nos hôtes furent-ils trop disposés à s'enthousiasmer ? Toujours est-il que mes paroles furent accueillies par une vive approbation d'un côté et par quelques dissentiments d'un autre.

« L'affaire néanmoins serait passée inaperçue comme tant d'autres, mais notre aimé et patriote professeur Cygneus eut malheureusement l'idée, alors, de faire intervenir, pour l'atténuer, un discours prononcé à une fête d'étudiants à Hasselbaken dans lequel Igkarlen avait dit de la Finlande : « *Bientôt un nid doré d'esclavage* ».

« Ceci fut vivement désapprouvé par la majorité de la réunion. Au nom de plusieurs de nos amis j'interpellai Cygneus en lui disant : « Ce que vous dites ne représente pas notre pensée. »

« Cet incident fit du bruit et parvint le lendemain aux oreilles de M. de Berg. Depuis longtemps déjà il était aux aguets pour trouver un bouc émissaire. Ce fut moi qu'il choisit. Il fit appeler le recteur et lui commanda de faire une enquête. Le recteur me fit appeler et je lui racontai sincèrement comment les choses s'étaient passées.

« — Mais pourquoi, au nom du ciel, avez-vous parlé ainsi? me dit-il.

« Là-dessus, je tirai de ma poche une copie de mon discours et la lui tendis.

« Après l'avoir lue, le recteur se calma; il déclara que mes paroles ne contenaient rien de délictueux et que certainement M. de Berg accepterait mes explications si je lui donnais copie de mon discours.

« Les choses écrites, on le sait, peuvent être diversement interprétées : le gouverneur général déclara au bon docteur que mes paroles constituaient presque de la haute trahison et qu'il ne lui était pas possible de me laisser impuni. Je n'avais pas attaché d'importance à cette affaire et, quelques jours après, me trouvant à Frugor, je reçus avis par un Finois, ami intime de M. de Berg, que je ferais bien de passer sans délai à l'étranger ou de rester hardiment en déclarant qu'il ne s'agissait que d'un malentendu. Je pris le premier parti et je passai en Suède avec un passeport que je possédais depuis plusieurs mois.

« Quelques jours plus tard arrivait un avis du gouvernement de Saint-Pétersbourg me déclarant pour toujours incapable d'occuper un poste de l'Université. J'ai demandé bien souvent copie de cette pièce ; je n'ai jamais pu l'obtenir, mais je déclare que cette décision sévère était au moins prématurée, sinon illégale.

« A la fin de l'automne de 1858, je revins en Finlande après avoir fait partie de la première expédition de Torell au Spitzberg : on m'offrit de prendre la succession de Mosander comme minéralogiste au muséum de l'État, à Stockholm. Quand je reçus le télégramme m'annonçant cette nomination, je demandai un passeport pour retourner en Suède ; on me fit des difficultés, et le gouverneur général me fit prier de passer chez lui. il m'accueillit d'abord d'une façon assez amicale, tout en me reprochant d'avoir voyagé précédemment sans être muni de passeport. Je répondis que ce reproche n'était pas absolument mérité, attendu que j'avais employé un passeport datant de l'hiver précédent.

« — Mais, répondit de Berg, il avait plus de trois mois de date ?

« A ceci je répondis que les règlements sur la question des passeports m'étaient absolument inconnus et que c'était à l'autorité à savoir s'ils étaient ou non périmés.

« — Alors vous admettez comme moi, dit M. de Berg, que ceux-là ont mal agi qui vous ont permis de voyager avec un vieux passeport.

« Avec le plus grand plaisir, Votre Excellence.

« Cette réponse fut évidemment agréable à M. de Berg qui parla alors très sensément de l'affaire des promotions. Il déclara qu'après tout, tout cela pouvait s'arranger et que nos relations pourraient être à l'avenir sur un meilleur pied qu'auparavant.

« Je répondis à ceci que si j'avais péché par les paroles prononcées à cette fête, j'avais depuis tant souffert, soit par suite de tracas ou de perte d'argent, que je pensais qu'on pourrait bien passer l'éponge sur tout cela.

« Se tournant vers un employé finois présent à notre entrevue, M. de Berg dit :

« — Il ne suffit pas qu'un homme reconnaisse ses torts, il doit en exprimer son repentir.

« A ceci je répondis sans hésiter.

« — Cela je ne le ferai jamais !

« M. de Berg se leva vivement.

« — Monsieur, me dit-il, vous aurez votre passeport, mais vous pouvez en même temps dire un éternel adieu à la Finlande. Je me charge d'y veiller.

« Ainsi se termina notre entretien. Le lendemain, je reçus mon passeport et quinze jours après j'avais passé la frontière.

« J'ai su depuis que M. de Berg avait formellement proposé au sénat de m'expulser du pays, non pour l'affaire de la promotion, mais parce que j'avais accepté du service à l'étranger sans en avoir obtenu la permission du gouvernement.

« Cette demande fut repoussée ; on répondit au gouverneur général que je n'avais fait qu'user de mes droits comme anobli. J'obtins néanmoins un ordre du ministère adressé au représentant de la Russie à Stockholm, lui défendant dans l'avenir de viser mon passeport par la Russie. Effectivement ce visa me fut refusé jusqu'à l'été de 1862, époque à laquelle M. de Berg cessa d'être gouverneur général. A partir de ce moment j'ai pu retourner en Finlande chaque fois que cela m'a plu.

« Après avoir épousé une Finoise, en 1867, je postulai la chaire de minéralogie et de géologie à l'université de Helsingfors, et j'obtins la recommandation unanime du conseil académique pour ce poste. Daschkof, alors ministre russe à Stockholm, et avec lequel j'avais des relations amicales par la famille de ma femme, me demanda si réellement je désirais ce poste ; je lui répondis que oui. Il me dit alors qu'il me garantissait le résultat à la seule condition que je renonçasse à me mêler de politique en Finlande.

« Je refusai de faire cette promesse, mais je m'engageai à accepter avec *loyauté* l'état actuel des affaires.

« Cela ne lui suffit pas ; comme il était animé d'excellentes intentions à mon endroit, il essaya d'employer l'élément féminin pour arriver à son but et s'adressa à ma femme pour la prier d'arranger l'affaire. Monsieur, répondit-elle, mon mari est *très-décidé*. Ainsi finit la négociation : je ne fus pas nommé. »

Au printemps de 1858, le professeur Iven Lovin lui proposa de prendre part comme géologue à la première expédition de Torell, au Spitzberg. Pendant cette exploration on visita les fiords de la côte occidentale et l'on fit de riches collections d'histoire naturelle. Immédiatement après son retour, Mosander, zélé minéralogiste, et professeur à l'Académie des Sciences de Stockholm, mourut, et Nordenskiold fut nommé professeur et intendant du Musée minéralogique de l'État, le 8 décembre 1858. Nordenskiold, dans ses nouvelles fonctions, s'efforça constamment d'augmenter les collections, non seulement par des achats, mais surtout par des recherches dans les localités minéralogiques les plus importantes de la Scandinavie ; aussi le Musée minéralogique de Stockholm est-il devenu, sous la direction d'un savant aussi infatigable, l'un des plus considérables de l'Europe.

Pendant l'été de 1859, Nordenskiold fit une excursion minéralogique dans la Dalécarlie et au Jemtland. Pendant l'été de 1860, il fit un voyage charmant et riche en découvertes minéralogiques à Arendal, à Kongsberg et dans d'autres endroits de la Norvége méridionale. En 1861, il fit partie de l'expédition polaire de Torell. C'est à ce moment qu'il entreprit le relevé de la partie nord du Spitzberg. Comme M. de Berg avait quitté le poste de gouverneur général de la Finlande, Nordenskiold profita de ce départ pour aller, dans l'été de 1862, dans son vieux pays pour y visiter son père et entreprendre avec lui une excursion minéralogique en Finlande.

Pendant son absence, sa mère, qui avait été chargée de surveiller et de diriger sa première éducation, était morte à Frugor sans qu'il eût pu venir lui fermer les yeux, le 26 janvier 1860, alors qu'il était exilé. C'était une femme d'une grande franchise, d'un caractère généreux et impartial, de beaucoup de bon sens et d'un grand amour du travail ; elle avait exercé une heureuse influence sur tout le cercle de leur famille. Le 1er juillet 1863, Nordenskiold épousa Anna Mannerheim, fille de l'ex-président, comte Mannerheim, de Finlande ; leur mariage fut célébré à Willnas près d'Abo. De ce mariage naquirent deux filles (1864 et 1870), et deux fils (1868 et 1877). C'est à partir de ce moment qu'il entreprit de nouveau des explorations dans les régions polaires. En 1864, en 1868, en 1870, en 1872, en 1875 et en 1876, il prend la mer pour se diriger vers les régions boréales qu'il veut connaître à tout prix et qu'il veut ouvrir au monde savant.

En 1868, il atteignit la plus haute latitude nord qu'un navire eût jamais atteinte dans le vieux hémisphère. Sous ce rapport, son expédition n'a été dépassée que par l'expédition américaine de Hall et par l'expédition anglaise de Nares. C'est pendant son expédition de 1870, à laquelle contribua largement M. Oscar Dickson, qui avait déjà donné une somme importante pour l'expédition de 1868, que M. Nordenskiold fit la découverte, dans les couches du basalte miocène du Groënland, à Ovifak, dans l'île de Disko, des plus grands blocs de fer connus, qu'il considérait comme du fer météorique, mais qui proviennent de roches volcaniques. Nordenskiold rapporta de cette expédition des collections très-riches. L'expédition de 1872 fut encore dirigée au Spitzberg, et subventionnée par M. Oscar Dickson ; les navires furent emprisonnés dans les glaces et les voyageurs, après bien des fatigues, furent obligés de rentrer. En juin 1875, Nordenskiold quittait Tromsoë sur un petit navire à voile, explora la mer de Kara, les embouchures de l'Obi et arriva sans difficulté à l'embouchure de l'Iénisséï, d'où il renvoya en Norvége le navire sous le commandement de M. Kjellmann, tandis que, accompagné de M. Lendstrom, du docteur Stuxberg et de trois matelots, Nordenskiold remontait le fleuve, dans une embarcation apportée tout exprès. Il rencontra à Dudino un bateau à vapeur sur lequel il continua son voyage jusqu'à Iénisseïsk. De là, il regagna la Suède en passant par Ekaterinebourg, Moscou, Pétersbourg, Helsingfors et Abo. En 1876, il entreprit une nouvelle expédition dans le double but de continuer ses recherches scientifiques, commencées l'année précédente, dans la mer de Kar et le long de l'Iénisséï et de prouver que le succès de 1875 n'était pas dû à un heureux hasard.

Les frais de cette entreprise furent supportés uniquement par MM. Oscar Dickson et Alexandre Sibériakoff. L'expédition fut couronnée d'un succès complet. Avant d'entreprendre ce voyage, Nordenskiold avait pris part, à titre de membre du jury, à l'exposition de Philadelphie de 1875-76 ; il revint d'Amérique le 1ᵉʳ juillet 1876, s'embarqua tout de suite à Trondhjem sur le navire affrété pour l'expédition, et arrivait le 15 août à l'Iénisséï, bien qu'il eût fait halte plusieurs fois en route. C'est en juillet 1877 que nous le trouvons occupé à l'organisation de la grande expédition qui vient de le couvrir d'une gloire si pure. Nous avons oublié de dire qu'en 1867, Nordenskiold visita Paris, où il avait été envoyé avec le professeur A.-J. Angstrom pour comparer un mètre étalon et un kilogramme étalon fabriqués par le gouvernement suédois avec les prototypes qui sont au Conservatoire des Arts-et-Métiers. Ce voyage lui procura l'occasion de visiter l'exposition universelle de Paris de 1867 et d'y faire la connaissance de plusieurs hommes éminents qui lui firent l'accueil le plus aimable.

Apôtre zélé du parti libéral en Suède, Nordenskiold fut élu, en 1869, après une lutte assez vive, représentant de la capitale, et Stockholm eut en lui, de 1869 à 1871, un vaillant député.

Discours de M. Daubrée de l'Institut.

Avant de raconter les réceptions enthousiastes que M. Nordenskiold a reçues en Europe, nous ne pouvons résister au plaisir de reproduire ici une partie du beau discours que M. Daubrée, de l'Institut, a prononcé, le 1ᵉʳ mars 1880, devant l'Académie des Sciences pour rendre hommage, au nom de cette docte Compagnie, à M. Nordenskiold, son illustre correspondant.

Voici comment s'exprime M. Daubrée :

« Les contrées polaires, dit-il, ont le privilége d'exercer une puissante attraction sur des natures d'élite, ardentes à soulever une partie du voile qui les couvre encore. Ces solitudes glacées et leurs formidables banquises ne recèlent guère moins d'obstacles et de périls que les climats torrides et fiévreux de l'Afrique centrale, avec ses peuplades méfiantes et féroces.

« Parmi les noms des plus éminents explorateurs des régions boréales, l'histoire inscrira, dans une place d'honneur, le nom du professeur Nordenskiold, que l'Académie se glorifie de compter parmi ses correspondants.

« Après cinq voyages au Spitzberg et un au Groënland, tous féconds en résultats imprévus, il faisait, en 1874, à la surprise générale, la traversée de la Norvége à la Sibérie, où il débarquait à l'embouchure du Iénisséï. Ce voyage, vainement tenté depuis trois siècles, fut exécuté en moins d'un mois, et le retour plus rapidement encore, quoique la Nouvelle-Zemble ait été, au passage, l'objet de quelques études.

« Ce premier succès, renouvelé l'année suivante, fit concevoir à M. Nordenskiold le projet d'entreprendre une autre expédition, dans laquelle il traverserait tout l'océan Glacial de Sibérie jusqu'au détroit de Behring. L'étude judicieuse d'anciennes explorations faites, en diverses parties du littoral à parcourir, dirigea sûrement cette entreprise sans précédents, et donna à leur auteur un espoir de réussite qui s'est réalisé de la manière la plus heureuse.

« Parti de Tromsoë le 21 juillet 1878, le vapeur *Véga* touchait presque au but de son expédition le 27 septembre de la même année, et quelques heures de navigation, qu'il aurait été facile de gagner, sur divers points du parcours, si on ne les eût consacrées à des recherches scientifiques, auraient suffi pour atteindre le détroit, lorsque les glaces lui fermèrent le passage. Malgré le soin et l'expérience qui avaient présidé à sa construction, le navire aurait couru grand risque d'être écrasé par leur énorme pression, sans l'abri improvisé qu'il trouva derrière un simple glaçon. Ce fut seulement le 18 juillet 1879, après neuf mois d'une immobilité forcée, qu'une débâcle subite rendit la liberté à la *Véga*, qui, deux jours après, doublait la pointe orientale de l'Asie. « Enfin, il était
« atteint, dit M. Nordenskiold, ce but poursuivi par tant de nations,
« depuis que sir Hugh Willoughby quitta le port de Greenwich,
« le 20 mai 1553, au bruit du canon et des hourrahs des matelots en
« grande tenue. Après trois cent vingt-six ans, et lorsque la plu-
« part des hommes compétents avaient déclaré l'entreprise impos-

« sible, le passage du Nord-Est était enfin réalisé, sans qu'on eût à
« déplorer la perte d'un seul homme, sans préjudice à la santé
« d'aucun de ceux qui participèrent à l'expédition, sans le moindre
« dommage au navire. »

« Si le voyage que la *Vega* vient d'accomplir ne peut être répété chaque année, il pourra se renouveler souvent. Dès à présent, on peut dire que deux voies nouvelles sont ouvertes et que des communications maritimes sont assurées désormais entre les grands fleuves sibériens et le reste du monde : l'une, de l'Obi et du Ienisséï avec l'occident et l'Atlantique ; l'autre, de la Léna avec l'orient et le Pacifique. La Sibérie fournirait en abondance, outre ses richesses minérales et les produits possibles de ses pêches et de ses bestiaux, le bois de ses immenses forêts et les grains de ses vastes plaines, dont le sol est d'une étonnante fertilité.

« Dès son débarquement au Japon, M. Nordenskiold a été accueilli par des ovations chaleureuses et des témoignages d'admiration, comme il devait en recevoir tout le long de sa route, et comme il en recevra bientôt parmi nous.

« Outre leur grande valeur géographique, les expéditions de M. Nordenskiold nous ont ouvert, sur diverses parties des sciences, des horizons nouveaux.

« Pendant son séjour d'hiver au nord du Spitzberg, au 70ᵉ degré, il faisait recueillir chaque jour, au fond de la mer, dont on devait pour cela briser la glace, de nombreux échantillons de végétaux et d'animaux, qui s'y développent avec vigueur, contrairement à ce que les physiologistes pouvaient supposer, sous un tel climat, en l'absence de l'excitation des rayons solaires. Des recherches analogues ont révélé dans l'océan Sibérien une abondance aussi surprenante de la vie. M. Nordenskiold nous apprend qu'à une profondeur comprise entre 30 et 100 mètres, cet océan renferme une faune aussi riche en individus que les mers tropicales, quoique la température du fond soit constamment au-dessous de zéro. D'ailleurs, un littoral s'étendant sur plus de 90 degrés de longitude et une vaste mer où les naturalistes n'avaient jamais étudié les formes variées des êtres organisés, c'était un domaine qui devait fournir les notions les plus intéressantes pour la répartition géographique des animaux et des végétaux sous-marins.

« Les débris de mammouths accumulés en quelques parties du

littoral de la Sibérie faisaient espérer des trouvailles du même genre, pendant ce long parcours ; à cet égard, il y eut déception. En revanche, sur le rivage de la péninsule tschoutsche, on découvrit des ossements de baleines, enfouis depuis de longs siècles, en grande quantité, dans des couches de sable. Quelques-uns de ces os étaient encore recouverts de peau et d'une chair rouge presque fraîche. C'est un nouvel exemple à rapprocher de ceux que l'on connaît depuis le voyage de Pallas : il fait voir combien les matières animales gelées peuvent se conserver longtemps sans se putréfier.

« Grâce à de nombreux relevés, exécutés dans ses séjours au Spitzberg, M. Nordenskiold, aussi distingué comme géologue que comme minéralogiste, put déterminer l'âge relatif des terrains stratifiés, à ces extrémités boréales de l'Europe.

« Les empreintes de plantes qu'il a extraites des couches du sol arctique, nous ont révélé, à la suite des déterminations de M. Oswald Heer, l'existence d'une forte végétation qui, pendant les époques houillère, jurassique, crétacée et tertiaire, couvrait ces parages aujourd'hui glacés. Quel contraste de l'état actuel de ces régions stériles, avec les fougères arborescentes, les lycopodiacées en arbres, les sigillaires et les calamites, qui les couvraient autrefois et dont les belles formes et la haute stature rappellent notre plus riche végétation tropicale! Cette vie luxuriante des végétaux de l'époque houillère se montrait donc aussi bien à ces hautes latitudes que dans les régions bien plus méridionales, occupées aujourd'hui par les nombreux bassins houillers de l'Europe moyenne et de l'Amérique du Nord.

« Sans correspondre à un climat aussi chaud que celui qui a présidé à la végétation carbonifère, les forêts qui, au milieu de l'époque tertiaire, ombrageaient le Spitzberg, avec leurs chênes, leurs platanes et leurs sequoia, ressemblaient à celles que nous trouvons aujourd'hui à 25 ou 30 degrés plus au sud, par exemple, en Californie. Or, on sait que, peu après, à l'époque quaternaire, les glaciers, par une sorte de réciprocité, ont laissé, sur une grande partie de l'Europe, des preuves irrécusables de leur séjour prolongé.

« C'est dans les régions boréales qu'on peut espérer trouver la clef de bien des problèmes météorologiques encore à résoudre.

Dans ces voyages, et particulièrement pendant les deux hivernages, des observations météorologiques précieuses ont été recueillies. N'en rappelons qu'un seul résultat. Durant plusieurs mois d'hiver, des vents tempétueux n'ont cessé de souffler à l'entrée du détroit de Behring. Or, à la surface du sol régna alors, presque constamment, un courant du nord, à peu près suivant la direction du détroit, tandis que la marche des nuages accusait, à une faible hauteur, un courant atmosphérique, non moins constant, mais venant du sud. « Si donc l'on considère, dit M. Nordenskiold, que le détroit forme « comme une porte entourée de montagnes passablement élevées, « placée entre les couches d'air chaud de l'océan Pacifique, et « celles d'air froid de l'océan Polaire, on voit que les vents y éta- « blissent leur régime, suivant la même loi qu'on observe dans les « courants d'air qui se produisent, à travers une porte ouverte, « entre une chambre chaude et une pièce froide. »

« Il va sans dire que les phénomènes du magnétisme terrestre n'ont pas été négligés plus que tant d'autres. L'espace disponible à bord de la *Vega* n'ayant pas permis d'emporter en Sibérie un observatoire en bois, il fallut en construire un avec la glace et la neige : il n'en répondit pas moins bien à sa destination. Toutefois, pour donner à cet observatoire la stabilité nécessaire à des opérations exactes, on dut l'établir, non sur une banquise, mais sur le rivage, à un kilomètre et demi du navire. Tel est le trajet qu'il fallait faire plusieurs fois par jour, pendant les tempêtes de l'hiver, par l'obscurité, par la tourmente et souvent par un froid de 45 degrés au-dessous de zéro. Les observateurs séjournaient cinq heures de suite dans cette chambre de glace, où la température accusa longtemps 18 degrés au-dessous de zéro. Le service fut confié à onze savants et officiers, répartis en quatre groupes, qui, pendant quatre mois, observèrent, d'heure en heure, les divers appareils. Grâce à l'ardeur héroïque que M. Nordenskiold avait su inspirer à ses compagnons, nous possédons aujourd'hui pour cette plage, naguère inconnue, un ensemble de mesures plus complet que pour la plupart des localités des pays les plus civilisés.

« Quelque dur qu'ait été ce régime volontairement accepté, il a certainement contribué beaucoup à maintenir un état sanitaire, de nature à encourager des imitateurs, qu'il s'agisse d'expéditions polaires ou de stations dans les hautes régions de nos chaînes de montagnes.

« Il suffit d'avancer à une latitude telle que le nord de la Scandinavie pour jouir de la splendeur des aurores boréales, dont Bravais a fait une étude si justement estimée. Quoique la presqu'île tschoutsche paraisse une station plus favorable encore, on n'y a pas vu ces magnifiques bandes rayonnantes ou draperies, dont tout le monde connaît les brillantes images. Le phénomène se réduit à un faible arc lumineux, qui apparaît d'une manière continue et dont la position semble invariable. Notre globe est donc orné, à peu près continuellement, d'une couronne lumineuse, qui n'est pas destinée à être vue par ses habitants, mais qui serait plutôt de nature à éveiller un curieux intérêt chez des observateurs postés sur d'autres planètes de notre système solaire.

« On s'étonnera peut-être moins, tout en l'admirant davantage, de cette abondance de résultats variés, dont je n'ai pu indiquer qu'un bien petit nombre, quand on saura que M. Nordenskiold, si plein de sollicitude pour son équipage, est emporté dans son ardeur pour la science à une témérité extrême, qui, maintes fois, a mis sa vie en péril. Témoin le voyage qu'il fit au Spitzberg, sur le grand glacier du Nord-Ost-Land. Il en avait déjà exécuté un autre non moins périlleux, sur l'immense glacier intérieur du Groënland, non exploré jusqu'alors, si ce n'est, dit-on, vers l'an 1000, du temps de Erik-Rode. Aucun glacier connu n'approche, pour les dimensions, de cette nappe de glace continentale qui, sauf des pointements rocheux surgissant çà et là, couvre plus de cent mille kilomètres carrés, avec une épaisseur surpassant un kilomètre et demi là où des crevasses ont permis de la mesurer. C'est comme une reproduction actuelle du puissant manteau de glace dont, à une époque géologique, qu'il est permis d'appeler très-récente, l'Europe et l'Amérique du Nord étaient en partie recouvertes, dans toute leur largeur et jusque dans leur partie moyenne. Les Esquimaux qui s'étaient engagés avec notre explorateur refusèrent de continuer une expédition, à leurs yeux trop effrayante, et le laissèrent, seul avec le docteur Berggren, poursuivre sa périlleuse entreprise, qui l'obligeait à traverser, de cent mètres en cent mètres environ, des crevasses très-profondes, remplies de neige peu cohérente, et n'ayant pas moins de trente mètres de largeur.

« L'expédition de 1870, au Groënland, a conduit à une découverte des plus considérables pour l'histoire du globe.

« Guidé par ce fait, connu depuis longtemps, que quelques couteaux, fabriqués avec du fer natif avaient été vus entre les mains d'Esquimaux, M. Nordenskiold, conduit par les indications de quelques naturels, découvrit sur une plage déserte de l'île de Disko des blocs de fer naturel dont il rapporta des échantillons. Rien ne paraissait, au premier abord, plus probable que de considérer ces masses, dont la principale ne pèse pas moins de vingt mille kilogrammes, comme tombées du ciel. En effet, d'une part, elles ont la composition des météorites, et, d'autre part, jusqu'alors le fer, malgré son extrême abondance, sous forme de minerais variés, n'avait jamais été rencontré à l'état métallique parmi les roches terrestres.

« Cependant, à côté de ces masses isolées, de petits grains de fer, également allié de nickel, étaient reconnus dans quelques-unes des éruptions qui, au Groënland, se sont produites sur une vaste étendue, car, du 69° au 76° degré de latitude, le littoral présente partout, dans de hauts escarpements, le basalte en immenses nappes horizontales, qui se sont épanchées, à partir de filons verticaux, par lesquels elles jaillissaient, et qui disparaissent sous un gigantesque glacier. Nous savons, maintenant, que, contrairement à ce qu'une induction séduisante faisait admettre, toutes ces masses de fer, grosses et petites, loin d'être originaires des espaces célestes, ont été apportées de la profondeur du globe par les roches volcaniques.

« Déjà, les nombreuses analogies qui unissent les roches cosmiques, dont les météorites nous apportent des éclats avec certaines de nos roches éruptives, avaient amené à conclure que le fer métallique doit faire partie des masses intérieures de notre globe, mais à des profondeurs jusqu'alors inaccessibles à nos investigations. C'est précisément ce fer métallique terrestre, que les éruptions du Groënland ont fait surgir à nos regards, et, pour que la ressemblance soit plus grande, de même que le fer des pierres tombées du ciel, ce fer d'origine terrestre se montre associé au nickel.

« Rien, par conséquent, ne prouve mieux que notre planète offre des caractères de composition identiques avec ceux de certains astres qui en sont bien éloignés : confirmation d'une théorie cosmogonique, que l'on pouvait croire pour toujours inaccessible à tout contrôle direct.

« De la sorte s'élargissent incessamment, dans le Temps comme dans l'Espace, les horizons qu'embrasse la Science en scrutant l'Univers physique. Car, tandis que l'Astronomie plonge de plus en plus profondément dans l'immensité des cieux, la Géologie remonte chaque jour davantage dans l'immensité des siècles écoulés.

« Nous devions, au moment où M. Nordenskiold reparaît en Europe, le remercier d'avoir porté, avec autant de prévoyance que de hardiesse, le drapeau de la science dans des régions inconnues. L'Académie avait un hommage à rendre à son intrépide et illustre correspondant ; elle est heureuse de commencer, dès aujourd'hui, à lui payer ce juste tribut.

« DAUBRÉE (de l'Institut). »

Nordenskiold en Italie.

La *Vega* arriva dans le port de Naples, le samedi 14 février 1880, vers 2 heures du soir. Nordenskiold et ses collègues furent reçus par le Ministre plénipotentiaire de Suède et Norvège, par le contre-amiral Martin Franklin, commandant du département maritime, par le prince Teano, président de la Société de Géographie de Rome, le commandeur Cristoforo Negri et l'honorable Baratieri. Des représentants du Gouvernement, l'Administration municipale de Naples, les corps scientifiques, les étudiants et une foule immense attendaient les explorateurs sur le môle. La municipalité de Naples offrit, à la Mairie, un banquet en l'honneur de ses illustres hôtes. Le commandeur Negri but à la grandeur de l'Italie et au lieutenant Bove, et le prince de Teano au professeur Nordenskiold.

Les explorateurs arrivèrent à Rome le vendredi 20 février, à 1 h. 45 du soir. Ils furent reçus par un grand nombre de membres de la Société de Géographie d'Italie, dans la salle d'attente ornée de drapeaux italiens et suédois, et préparée pour cette circonstance. La municipalité de la ville de Rome s'empressa de mettre, dès leur arrivée, à la disposition des membres de l'expédition suédoise, un appartement de l'hôtel de la ville de Rome et nombre de voitures. La Société de Géographie de Rome a remis solennellement à M. Nordenskiold, dans une séance générale de la Société, qui a eu lieu le dimanche 22 février, à 1 heure de l'après-midi, dans la grande cour du Lycée, la grande médaille en or, prix de Sa Majesté le roi Humbert, qui l'a nommé, en outre, grand-officier de l'Ordre royal de la Couronne d'Italie. M. Palander a été nommé Commandeur, et le lieutenant Bove, ainsi que plusieurs membres de l'expédition, chevaliers du même Ordre.

Une grande carte murale, préparée par le secrétaire général de la Société, et représentant l'océan glacial du Nord avec la route suivie par la *Vega* et avec les corrections de côtes faites par les soins du lieutenant Bove, avait été placée à côté du fauteuil du Président.

On voyait au banc de la présidence, à côté du prince de Teano, le président du Conseil des Ministres, S. E. Cairoli; le ministre plénipotentiaire de Suède et Norvége, M. Lindstrand; le professeur Nordenskiold, les présidents fondateurs de la Société de Géographie, le commandeur Negri et S. E. Correnti; le ministre de la marine, S. E. Acton.

Le président Teano, après avoir salué et présenté à l'assemblée, composée de plus de mille personnes, le chef de l'expédition suédoise, le professeur Nordenskiold, le capitaine Palander, commandant de la *Vega*, et les autres membres de l'expédition, prononça le discours suivant, que nous traduisons ainsi :

« Voilà vraiment une circonstance très-heureuse dont tous ceux qui sont ici doivent se féliciter. Il arrive rarement, en effet, qu'en entendant le récit de grandes entreprises et des merveilleux succès qu'ont obtenus des hommes d'une nation étrangère, dans des régions lointaines, il soit donné peu après de voir les premiers ces héros. Et c'est nous qui avons ce plaisir! Plaisir qui est d'autant plus grand qu'il nous est possible, en recevant nos hôtes illustres, de récompenser dignement leurs mémorables entreprises.

« Ces messieurs reviennent d'un des plus importants et heureux voyages que l'histoire de la géographie puisse rappeler dans notre siècle, siècle déjà célèbre à cause des progrès surprenants accomplis par la science.

« Dès que l'on entendit parler du projet audacieux de M. Nordenskiold, notre Société tourna, avec le plus grand empressement, ses regards vers le voyageur hardi qui méditait une si grande entreprise, ainsi que vers les nobles hommes qui, par leur concours généreux, en rendaient possible la réalisation.

« Nous suivîmes avec admiration et une vraie joie l'heureuse navigation accomplie par la *Vega* jusqu'aux embouchures de la Lena. Nous fûmes encore agités par des soupçons craintifs, quand nous dûmes nous convaincre que, malgré nos espérances, la *Vega* avait été prise par les glaces de l'hiver. Nous nous réjouîmes quand nous apprîmes qu'elle était dans une station sûre contre les dangers d'un hivernage dans les mers polaires. Notre joie fut au comble quand le télégraphe nous annonça que la *Vega* sortait triomphalement du détroit de Behring.

« Une nouvelle entreprise était à enregistrer dans l'histoire des voyages. Ce fut alors que le Conseil de la Société Géographique décerna à l'illustre voyageur la plus grande des récompenses honorifiques que nous puissions conférer.

« En ma qualité de Président de la Société de Géographie, c'est de mon devoir d'exposer les causes qui déterminèrent le Conseil à accorder à M. Nordenskiold la grande médaille d'or de S. M. le Roi. Mais, avant tout, il faut que je rappelle brièvement la pensée qui poussa M. Nordenskiold à ses voyages de 1875-76 et les résultats qu'il a obtenus.

« Il est certain que le voyage de la *Vega* peut, au point de vue scientifique, être considéré comme une grande entreprise.

« Mais il est aussi vrai que les futures relations commerciales entre l'Europe et la Sibérie sont étroitement liées avec ces voyages. Il est bien probable que la valeur commerciale de ces voyages, pris collectivement, finira, avec le temps, par l'emporter sur la valeur scientifique, du reste certainement très-grande, du voyage que vient d'accomplir la *Vega*.

« La grande idée pour laquelle le nom de M. Nordenskiold aura droit à la suite des années, non-seulement à l'admiration, mais aussi à la reconnaissance des hommes, a été celle de rejoindre l'Europe à la Sibérie par des relations commerciales faciles et fécondes. Il est inutile de dire que cette idée avait pu naître dans l'esprit d'autres géographes, car toute la gloire en revient à M. Nordenskiold pour l'avoir chaleureusement propagée et réalisée par l'expérience de ses voyages.

« En jetant un coup d'œil sur une carte de l'Asie occidentale russe, on verra que cette très-vaste région de l'empire moscovite est sillonnée par deux fleuves très-longs et larges, l'Obi et l'Iénisséï, dont les bassins recouvrent certainement plus de cinq millions de kilomètres carrés. D'après les récentes publications et les derniers voyages sur les conditions générales d'une si vaste portion du monde, nous trouvons avant tout ces deux fleuves et un grand nombre de leurs affluents d'une navigation facile et qui, suivant les récentes études, pourraient devenir sans trop de dépenses plus faciles et plus utiles.

« Si au nord les immenses Toundras n'offrent que la solitude et la désolation, d'où peut-être on ne pourra jamais tirer aucun profit; au midi, par contre, on rencontre des régions étendues, où, malgré la rigueur de l'hiver, le climat est très-salubre, et où l'été, court et brûlant, rend la culture possible sur une grande étendue. Ensuite quelques parties ont des richesses minérales dans leurs montagnes; et la puissance carbonifère de la Sibérie (y compris la partie orientale), n'est pas inférieure à celle des États-Unis.

« Revenant ensuite aux deux grands fleuves, l'Obi et l'Iénisséï, véritables routes naturelles de cette région, nous trouvons qu'ils recueillent dans leur sein, à de très grandes distances, des eaux qui coulent en se rapprochant sans cesse et qui finissent par se jeter dans la mer de Kara, par deux golfes contigus qui confondent ensemble la masse d'eau qu'ils reçoivent. De là, aux ports septentrionaux de la Norvége, la distance n'est pas plus grande que celle qui existe entre la côte de Grèce et celle de l'Espagne méridionale.

« D'après ces considérations, il semblera bien étonnant qu'on n'ait pas établi jusqu'à ces derniers temps, entre ces régions et la nôtre, des rapports commerciaux d'aucune espèce. Mais un obstacle, que le progrès de nos connaissances géographiques sur les mers polaires a fait disparaître, s'opposait à cela.

« Cet obstacle consistait dans l'opinion qu'on s'était formée, il y a dix ans, sur les conditions de la mer de Kara durant l'été. M. Von Baer l'appelait l'*Eis-Kessel*, presque une *chaudière de glace*. Il croyait, comme tout le monde, que, même vers la fin de l'été, cette mer était tellement encombrée par les glaces, que celles-ci rendraient impossible toute navigation. Les hommes pratiques reconnurent la fausseté de ces théories.

« Ce furent tout simplement des pêcheurs, Carlsen le premier et Johannensen ensuite, qui, allant à la recherche de mers plus peuplées de baleines, pénétrèrent à l'ouest de la Nouvelle-Zemble et reconnurent que cette mer était navigable.

« Quand M. Nordenskiold apprit les faits observés par ces pêcheurs, il pensa immédiatement à tirer profit de ces véritables conditions pour établir un commerce entre la Sibérie et l'Europe. Ce fut alors que dans ses célèbres voyages de 1875-76, qui lui valurent, entre autre honneur, la médaille d'or de la Société de géographie de Londres, il traduisit en faits scientifiques vérifiés par l'expérience les observations pratiques des simples pêcheurs.

« Il démontra que la mer de Kara était navigable chaque été, et la possibilité pour un navire à vapeur de rejoindre dans le cours d'une saison les embouchures de l'Obi et de l'Iénisséï et de retourner en Europe. Ses observations sur le cours de l'Iénisséï n'ont pas été moins importantes.

« La joie que manifestèrent les plus importantes villes de la Sibérie à la nouvelle du succès des voyages de Nordenskiold et l'accueil que lui fit la Société géographique de Saint-Pétersbourg prouvent l'importance que les intéressés attribuaient aux résultats obtenus par notre voyageur.

« La grande importance de cet argument me servira à une critique qu'on a faite à l'idée de Nordenskiold. On a voulu dire que, vu le peu et parfois le manque absolu de population de ces vastes régions, il serait impossible d'établir des échanges et des relations commerciales avec l'Europe. Mais ces pays-là ne peuvent rester dans les conditions actuelles, et le jour viendra où une émigration spontanée se portera vers ces régions.

« Il est à penser que les causes, bonnes ou mauvaises, qui éloignent chaque année d'Europe plusieurs centaines de mille d'émigrants, allant à la recherche d'autres climats et d'autres conditions d'existence, resteront encore longtemps les mêmes.

« L'Amérique du Nord déjà va toujours se peuplant et peut-être le siècle ne se renouvellera pas sans que le plus important courant de l'émigration prenne une autre direction. On peut en dire autant pour la partie située le long des côtes de l'Australie ou pour d'autres pays. Et personne ne croit possible que les riches mais mortelles régions de l'Afrique équatoriale, puissent être facilement colonisées et peuplées par les Européens.

« Serait-il impossible que le gouvernement russe, s'il l'essayait, réussît un jour, par des lois libérales et généreuses, à acheminer une grande partie de cette émigration européenne vers les plus heureuses régions de la Sibérie, où, à la salubrité du climat, se joint la possibilité de développer facilement l'agriculture, l'industrie, le commerce ?

« Aujourd'hui le seul nom de Sibérie éveille en nous des idées douloureuses ; mais le sort de ces régions pourra et devra changer. Et quand cela arrivera, comme je le crois fermement, alors ce ne sera pas une faible gloire pour Nordenskiold d'avoir ouvert la voie afin que ces émigrations provenant de condamnations qui sont aujourd'hui comme une des plus sévères punitions dont l'autorité de l'État dispose en Russie, se transforment en un mouvement spontané et fécond d'une civilisation toujours croissante.

« En revenant maintenant au voyage de la *Vega*, je ne crois pas me tromper en affirmant qu'il fut médité par Nordenskiold principalement pour confirmer ses précédentes observations sur la possibilité de naviguer dans ces mers et étendre le champ de ses observations, même le long des côtes de la Sibérie orientale.

Quant à la possibilité des rapports commerciaux avec la Sibérie, le voyage de la *Vega* est venu confirmer pleinement les observations précédentes. Et même, tandis qu'il est désormais certain qu'on peut chaque année aller d'Europe aux embouchures du Iénisséï et en revenir, il y a bien des raisons pour croire que ces voyages, dans la période de deux saisons, pourront se faire sans rencontrer de difficultés extraordinaires jusqu'aux embouchures de la Léna. M. Nordenskiold croit même que pour le passage du cap Tchéliouskine, les difficultés seront beaucoup moins grandes qu'on ne l'a cru jusqu'aujourd'hui, et que l'heureuse navigation accomplie pendant l'été de 1878 est plutôt une conséquence des conditions ordinaires de ces mers que d'une circonstance extraordinaire qui l'ait exceptionnellement favorisée.

« Mais à part ces considérations d'un caractère absolument commercial sur le voyage de la *Vega*, il a eu d'autres mérites très-importants.

« En admettant même avec Nordenskiold la facilité du voyage, celui-ci nous semble une entreprise nautique de premier ordre et je m'estime heureux de pouvoir féliciter l'illustre commandant

Palander, qui sut si bien conduire la *Vega* de l'Atlantique au Pacifique, à travers des mers presque complètement inconnues au point de vue nautique.

« Je vous ferai remarquer que la *Vega* a arrêté dans l'histoire des voyages la série des premières grandes navigations. Après que Colomb eut traversé l'Atlantique, que Gama eut rejoint l'Inde par le Cap de Bonne-Espérance, un des navires de Magellan acheva pour la première fois le tour du monde, etc.; Mac-Clure découvrit le passage du Nord-Ouest; il restait encore à un navire de faire le tour du grand continent asiatico-européen. Aujourd'hui, à moins qu'on réussisse à rejoindre les pôles, il n'y a plus, pour un navire, de grande entreprise qu'un autre n'ait accomplie.

« En résumant les progrès scientifiques du voyage, je rappellerai les rectifications précieuses introduites dans les cartes, relativement aux côtes de la Sibérie; les précédentes étaient tellement erronées à l'occident de la Lena que le capitaine Palander se trouva quelquefois naviguant en plein continent.

« La valeur des renseignements recueillis sur les fonds de la mer sibérienne sera très-grande; ces renseignements serviront à étendre nos connaissances imparfaites de la faune et de la flore maritimes des régions franchement arctiques, où n'arrivent pas de courants d'eau chaude de l'équateur.

« Les observations sur la géographie physique de ces contrées et les études sur les phénomènes magnétiques encore non observés dans ces régions, sont aussi précieuses. En même temps, nous aurons obtenu de ce voyage des renseignements très importants sur les mœurs et l'histoire de ces peuples dont quelques-uns n'étaient connus que de nom.

« Une autre considération qui se présente à l'esprit sur le caractère scientifique de cette expédition, c'est l'exactitude extraordinaire qu'avaient les prévisions que M. Nordenskiold publia dans son mémoire avant d'entreprendre son voyage. Ces prévisions, qui se sont réalisées avec une précision extraordinaire, méritent toute notre admiration.

« Voilà les raisons qui ont déterminé le Conseil à décerner à Nordenskiold la Grande Médaille.

« Or, en la lui remettant, non seulement j'obéis à un ordre très agréable que le Conseil m'a donné, mais je crois répondre à un désir très vif qui est dans le cœur de tous les Italiens, celui de voir dignement récompenser toute grande et noble entreprise. »

Son discours terminé, M. le Président présenta au professeur Nordenskiold la Grande Médaille d'or de la Société. Celui-ci, en la recevant, se dressa et remercia vivement la Société et l'Italie. Il parla des deux vaillants officiers italiens, Parent et Bove, et termina en disant que l'accueil que lui faisait la Société serait un aiguillon pour tous les voyageurs, et montrait que les efforts faits pour la science et la civilisation sont dignement appréciés.

Après de longs applaudissements, le Président fondateur de la Société, le commandeur C. Negri, s'adressa au professeur Nordenskiold et lut en italien le discours suivant, dont nous donnons la traduction en français :

« VÉNÉRÉ MAITRE ET AMI,

« Naples et Rome t'ont déjà montré, par leurs fêtes, leur *respectueuse admiration*, et tu recevrais le même accueil dans toutes les cités qui se trouvent entre les Alpes et la mer. Tu verrais dans la péninsule entière que l'Italie n'est pas seulement, comme chanta le Cygne de l'Olone :

« Une d'armes, de langue, d'autel, de souvenir, de cœur, »

Mais qu'elle est aussi une dans le respect pour la science et pour toi, et ta présence désirée dans toute la péninsule électrise le peuple entier..... comme la flamme qui part du fer produit une commotion sur les fibres électriques. Et déjà, par ma voix, la reine de l'Adriatique, la perle de l'Arno, l'Académie royale des sciences de Turin et trente Sociétés scientifiques italiennes t'ont fait exprimer leurs *sympathies*, tandis que je t'offrais, d'autre part, les sentiments d'admiration et les vœux des lointaines sociétés de Berne, de Munich, de Metz et de Brême.

« La Société de Géographie italienne vient maintenant, en t'offrant, aux applaudissements de tous, la médaille de son haut protecteur et roi, de remplir le plus noble et le plus doux de ses devoirs.

« Mais tu voudras bien me permettre à moi qui t'honore avec tous et qui ai pour toi une affection déjà ancienne, de te dire, en peu de mots, quelle grande espérance je fonde en toi pour les progrès de la science.

« Tu as déjà enchaîné la renommée, et ton nom, indissolublement lié aux découvertes scientifiques, sera respecté par l'oubli, compagnon des années. Et cependant ce n'est pas de toi qu'on peut dire que son passé est le jour et son avenir la nuit. Tu es dans la plénitude de ton intelligence et bien loin encore du déclin de tes forces physiques. Tu as en toi-même l'étincelle du génie, ainsi que la persévérance qui, après le génie, est la plus efficace des vertus humaines. *Tendit ad ardua* (Il aspire aux entreprises ardues) : telle est ta devise. Infatigable à mériter plus qu'à chercher les honneurs, tu sauras ravir d'autres mystères au sphinx scientifique.

« Oui : de même qu'en découvrant une partie du cours d'une nouvelle planète, on lui assigne le chemin dans l'immensité de l'espace, nous devinons d'après tout ce que tu as fait le sentier lumineux qu'il te reste à parcourir. Tu as apporté dans ta main puissante l'exploration scientifique des contrées polaires ; ton but est donc immense, car la science ne connaît pas de limites, qu'il y ait à vaincre les barrières des monts, la grande distance des rivages, l'éloignement des mers, les landes silencieuses ou la diversité de langages. Et toi, tu ne ploieras les voiles fatiguées qu'après de nouveaux honneurs et de nouvelles conquêtes. Quand la Société de Géographie italienne, à peine réunie à Florence, te décernait le titre de membre d'honneur, et quand la grande Société de Géographie de Londres inscrivait ton nom dans son rayonnant volume des princes de la science, tu recueillais la récompense de tant de labeurs au Spitzberg et au Groënland. Mais déjà tu méditais et t'élançais vers d'autres risques dans la mer de Kara, et par la découverte de deux immenses fleuves, tu ouvrais au commerce des débouchés inespérés. Ta gloire était à son apogée, et tu pouvais en jouir en reposant sur l'oreiller de lauriers ta vieillesse encore lointaine. Tu ne l'as pas fait. Le but purement géographique des expéditions anglaises jusqu'à la douloureuse catastrophe de Franklin, devenue géographico-humanitaire dans les nombreuses expéditions faites à sa recherche, s'était agrandi pour toi en un but scientifique.

« Toi seul, dirigeant ou multipliant les études de savants collègues, tu parcourais à travers les brumes blanchâtres les obstacles des glaces, dans l'obscurité des nuits polaires, des landes encore inconnues à la science; tu scrutais la dynamique mystérieuse du magnétisme terrestre, la Faune et la Flore sous-marines, la plus jeune des sciences, mais peut-être la plus féconde de toutes en révélations. Tu apportais une nouvelle richesse d'observations, et tu combattais vaillamment le duel des monogénistes et des polygénistes; tu marquais les confins de cette immense région volcanique qui est au nord-ouest de l'Atlantique, entre des terrains de nature et d'âge différents ; tu participais à l'ardue tentative de la mesure du degré à 80° de latitude ; tu cherchais dans le nombre des oscillations du pendule les nouveaux éléments désirés par la sévère mathématique pour mieux déterminer la figure exacte du globe ; tu examinais les phénomènes constants et divers, peut-être cosmiques en partie, des aurores boréales; les organismes pétrifiés très-anciens de la vie animale et végétale; les émigrations, les successions, les extinctions des êtres, et les révolutions des climats et des configurations de notre planète, le gisement de terres et la direction des courants océaniques qui séparent les basses couches dans la mer Arctique.

« Tu ne t'es pas arrêté : tu as voulu, au contraire, réunir et comparer de nouveaux éléments, pour les confronter dans une autre partie de la mer Arctique; pénétrer là où aucune voile n'était jamais arrivée, apporter même à la Sibérie orientale les avantages matériels des communications avec le monde civilisé et y réunir, dans un heureux mariage, l'économie et la science. Tu as écrit sur la proue le mot de Phèdre : *Nisi utile, inanis gloria* (il n'y a pas de gloire sans résultat utile). Tu es parti pour faire le tour des formidables caps boréaux de l'Asie.

« J'avoue que j'ai tremblé pour toi. Pouvais-je oublier que le célèbre John Barrow avait conclu pour l'absolue impossibilité du Passage, et que l'intrépide Payer déclarait que dans les hasards de la mer, il n'en espérait jamais un qui permît de réaliser le passage de l'Est ? Les mêmes arguments, pour lesquels j'avais aussi l'espoir dans tes premiers voyages, que le long des côtes sibériennes tu pouvais avancer vers l'Est, me faisaient craindre que la voie ne te fût fermée aux Caps, qui, loin de grandes embouchures fluviales, étendent bien en avant leur crête vers le Nord.

« Le péril était évident, le désastre douteux, mais la gloire certaine; et partout où est la gloire doit être l'Italie. Je fis au préalable des démarches privées pour te demander, ainsi qu'à Dickson, l'admission d'un officier italien, à bord de la *Vega*, et j'obtins de votre bienveillance le consentement désiré. La Société de Géographie s'unit volontiers à moi et la marine royale y adhéra; et parmi quatorze officiers, qui s'offrirent volontairement à l'épreuve périlleuse du pôle, le choix tomba sur Jacques Bove pour soutenir sur la *Vega*, l'honneur italien. Dès que je le connus, je l'estimai et l'aimai, et il partit pour la Suède en emportant mon affection. Mais pour lui serrer la main encore une fois, vieux comme je suis, je retournai en Suède; mais vous, Nordenskiold et Bove, vous vous en souvenez; au moment suprême je ne pus supporter la séparation: mes yeux s'obscurcirent et, abattu, je m'éloignai en proie au désespoir.

« La *Vega* leva l'ancre, mais les glaces, qui serrées et compactes contre la proue de Weyprecht l'avaient retenu prisonnier pendant deux ans dans l'ouest, s'ouvrirent obéissantes à l'étoile que tu guidais près de la côte avec une grande sagesse. Tu arrivais aux deux caps redoutables, où tu écrivis sur eux comme César: *veni, vidi, vici*, (je vins, je vis, je vainquis). Le canon suédois tonnait de joie, et la Scandinavie, déjà illustrée, il y a mille ans, par des célèbres navigateurs boréaux en Amérique, sera dotée par toi, Nordenskiold, de ses Louisiades en Asie, comme les Lusitaniens le furent par Gama.

« Or, je te demanderai ici avec le Tasse: « Est-ce que ton destin est de commander aux vents, de les enchaîner et les déchaîner à son gré? Est-ce que la mer, sourde aux prières et aux plaintes, l'écouterait seul et se plierait à ta volonté? »

« Et parmi les cinquante sociétés de géographie qui se sont formées en si peu de temps, combien y en a-t-il qui ne te feront pas la même demande? Combien y en a-t-il en Suède qui ne te la feront pas? Combien y en a-t-il là-bas qui ne te l'adressèrent pas même avant ton départ?

« Tu étais dans l'Est, et encore une fois étonnant, tu parcourais en naviguant une vaste distance qui, dans les cartes russes, était marquée comme terre, et tu rectifiais pendant cent milles la carte marine, comme l'avait rectifiée Cook, dans le sens opposé, dans l'Amérique boréale, quand il y substitua les terres qu'il venait de découvrir à une mer fantastique.

« Il y a des victoires que le génie remporte par un premier assaut; mais il y en a aussi qui ne s'obtiennent qu'avec l'aide du temps, et pour ainsi dire par les lents détours d'une pénible tranchée. Tu avais remporté la première ; mais les ailes rapides du temps te ravissaient en partie les autres conquêtes scientifiques. Mais le laurier qu'il n'était pas possible de cueillir dans une première expédition, le sera dans une autre. Le succès surprenant de celle-ci, ton ancienne comme ta nouvelle renommée, l'intérêt puissant de tous les problèmes scientifiques, qui sont à résoudre à la Nouvelle Sibérie, sur la Lena et à la terre de Long, la nécessité de contrôler les observations d'Erman, de Mayendorf, de Cekanowsky et de Mayndell, réclament, malgré le glorieux succès de l'Odyssée qui vient de s'accomplir, une seconde expédition spéciale.

« Tu raconteras, dans des volumes dignes de ce grand fait et de toi-même, l'ample moisson de conquêtes scientifiques dans les pays que tu as ouverts à Minerve, et qui peut-être s'ouvriront à Mercure. Les dix mois où le monde resta plein d'épouvante pour la *Vega*, pendant qu'elle était retenue dans les glaces, seront compensés par les études que tu as faites et qu'il eût été impossible de faire dans le peu de durée d'un libre passage. Mais quoi? La géologie, la climatologie, la botanique, la zoologie, les mathématiques, l'ethnographie, enfin toutes les sciences réclamaient de toi des travaux infinis, elles les réclamaient et les réclament encore sur de plus vastes échelles sur terre et sur mer, que celles auxquelles nécessairement devait te limiter la puissance de vision et de mouvement. Toi-même tu as dû renoncer, et je comprends bien avec quelle douleur ! à renouveler les efforts pour explorer en route au moins la plus méridionale des îles de la Nouvelle-Sibérie. Ce groupe, les territoires de Wittim et de l'Altan, sont parmi les contrées géologiques les plus intéressantes du monde ; c'est là que s'accumulent les principaux problèmes magnétiques et météréologiques de l'hémisphère oriental ; c'est là qu'on doit coordonner et corriger les lignes dynamiques et isothermiques, qui offrent de si grandes lacunes et de si regrettables perplexités et contrastes.

« Et toi, grand maître, qui, dans une si courte expédition, as puissamment aidé à étendre dans des régions si importantes les connaissances locales et universelles de la physique du globe, tu ne pus t'arrêter à la Nouvelle-Sibérie ou à la Lena ; et les brouillards et les glaces ne te permirent pas non plus d'apporter d'autres indications sur la terre disputée de Long.

Ta tâche te sera facilitée par la présence du bateau à vapeur que tu as guidé et laissé à la Lena, par le désir unanime des Sibériens, qui ont maintenant dans l'Université de Tomsk un centre d'entreprises et d'études, par le courageux et heureux concours des navigateurs de Hollande, par la protection que tu as eue d'une manière si généreuse du haut souverain de Suède et Norvége, et par le puissant appui du constant Mécène Oscar Dickson, de Gothembourg ; elle te sera facilitée aussi par l'impulsion incessante de Weyprecht et de Wilczek, et j'espère aussi par le concours de l'Italie qui t'applaudit ainsi que les navigateurs de Suède qui, sous ta direction, ont donné de si nobles preuves : Parent dans les eaux du Spitzberg et Jacques Bove dans celles de Sibérie. Les difficultés sont grandes en vérité ; mais qui donc ne reconnaîtra pas en toi, grand maître des expéditions suédoises, le soldat constant sur la voie de l'honneur, des fatigues et des triomphes ?

Je ne m'étends pas davantage. Tite Live dit : *quæ altiora sunt eloquentiæ non egent* (les grandes choses n'ont pas besoin de grands mots) ; mais j'applaudis, vénéré maître, très cher ami, à l'immense succès que tu as déjà obtenu ! Ah ! si le regretté Pétermann, qui, quelques jours après ton départ de Gothembourg, me parlait avec une si haute estime de toi, ne s'était tué lui-même, peu de temps après, à cause du chagrin que lui causèrent des malheurs de famille ! Ah ! s'il avait, pour quelques mois seulement, épargné sa vie, il aurait vu ton audacieuse voile voguer dans des eaux complètement ignorées du méridien de l'Olenek au détroit de Bering ! Quel doux rayon de lumière serait venu calmer cette âme obscurcie par des chagrins privés ! Ton triomphe était aussi le sien, et ta navigation la preuve des vérités géographiques à la démonstration desquelles il consacrait depuis des années toute son existence. Je pense que sa joie, causée par l'ambition satisfaite, aurait rendu assez de calme à son esprit orageux, et que la joie de la victoire l'aurait réconcilié avec la vie ; je pense qu'il aurait vu que sur la vaste terre, son admiratrice, il y avait encore pour lui une source inépuisable de consolations. Tu l'aurais sauvé à la science, tu l'aurais sauvé à mon cœur ! »

Le professeur Nordenskiold répondit par de nouveaux remerciements.

Le soir du même jour eut lieu le banquet d'honneur que la Société offrit aux membres de l'expédition ; les neuf voyageurs avaient été invités : MM. Nordenskiold, Palander, Brusewitz, Almquist, Bove, Howgaard, Kjellmann, Nordquist, Stuxberg. Les ministres Lindstrand, Cairoli et Acton, le président de l'Académie des Lincei, Q. Sella, et le recteur de l'Université royale, M. O. Occioni, assistaient à ce banquet comme invités. Il y avait 94 convives par souscription, presque tous membres de la Société de Géographie, et, parmi ceux-ci, tous les membres du Conseil présents à Rome, le secrétaire de la Société, le consul de Suède et Norvége, le ministre du Japon, un grand nombre de sénateurs, députés, journalistes, etc.

A la fin du banquet, S. E. Cairoli, invité par le prince Teano, but au roi de Suède et Norvége, et S. E. Lindstrand au roi d'Italie.

Le prince Teano porta un toast au chef et aux membres de l'expédition suédoise. Il rappela qu'il y a plus de deux siècles Rome prépara des réceptions solennelles à un haut personnage envoyé par la Suède, à la reine Christine. On voulut en perpétuer le souvenir en écrivant sur la *Porte du Peuple* les paroles connues : *Felici Faustoque Ingressui !* (Entrée heureuse et fortunée.) Or, nous n'élèverons pas de monuments en marbre ni ne graverons d'épigraphes, mais nous n'effacerons jamais le souvenir de votre arrivée parmi nous.

M. Nordenskiold répondit en remerciant la Société de Géographie, Rome, Naples et l'Italie, pour l'accueil chaleureux qu'il avait reçu dans le pays.

S. E. Acton but à la santé du commandant Palander et de la marine suédoise, et Palander remercia en portant un toast à la marine italienne.

Ensuite, le commandeur Negri se leva et prononça les quelques mots qui suivent :

« Nous avons fêté à Naples et nous fêtons à Rome la gloire géographique et scientifique des Suédois. Et je ne me lasserai pas de traiter cet inépuisable sujet, en lisant dans le livre glorieux du progrès scientifique la brillante pléiade de leurs illustres noms ;

au premier rang Berzélius, le Volta de la Suède, qui, par la merveilleuse découverte de la loi des proportions élémentaires constantes et multiples des corps, pénétra dans les mystères de la création et éclaira la chimie d'une clarté immense.

« Mais ma dernière pensée ne s'adresse pas à la Suède scientifique, mais à la forte Suède qui sauva jadis la civilisation en péril.

« Quelle reconnaissance l'Italie ne doit-elle pas aux guerriers de la Suède? Nous sommes à Rome ; nous y sommes par la force de notre indépendance, de notre civilisation, de la civilisation d'une partie de l'Europe. Et qui est-ce qui a conservé à l'Italie ce bien, le premier de tous, qui est-ce qui a sauvé ce flambeau de Prométhée quand il était près de s'éteindre? Rappelons-nous qu'au XVII° siècle, l'Europe fut sur le point de retomber dans la nuit obscure de l'esclavage intellectuel et dans les horreurs de l'esclavage politique. La funeste journée du Mont-Blanc, et la plus funeste encore de Dessau, avaient abattu tout courage et tout esprit de résistance ; les armes de Wallenstein et de Tilly parcouraient, victorieuses, l'Allemagne jusqu'à la Baltique, enchainant peuples et princes, et dressant partout les horribles bûchers. Alors se leva pour délivrer le monde un des plus grands bienfaiteurs de l'humanité, Gustave Adolphe. Il gagna, à la tête des Suédois, dans les champs de Leipzig, la bataille déjà perdue par ses alliés, et sauva la civilisation de l'Europe avec le sang suédois. Quand, ensuite, il tomba d'une manière unique dans les annales de tous les peuples et de tous les âges, trois grands généraux, Wrangell, Banner et Torstenson, succédèrent au héros frappé à la tête des troupes suédoises. Le monde se reposa enfin des horreurs de la guerre, mais ni l'esclavage politique, ni l'esclavage intellectuel n'avaient pu étendre sur l'Europe leurs rameaux fatals. Bien que par secousses et par chocs, le progrès moral continua sa voie; et maintenant il envahit, il conquiert, il triomphe, et nous sommes à Rome.

« Vivent donc non seulement la Suède moderne et scientifique, mais encore l'ancienne et valeureuse Suède! Italiens et Suédois, je vous invite tous ensemble à pousser avec moi le cri de :

« Honneur à la mémoire du grand Gustave!

« Honneur à la mémoire de Wrangell, de Banner et de Torstenson! »

Enfin, M. E. Martini exprima aux voyageurs les félicitations et l'admiration de la presse.

Le soir du lundi suivant, le Président de la Société offrit chez lui une réception en l'honneur des voyageurs.

Ceux-ci restèrent encore quelques jours à Rome, d'où ils se séparèrent pour se réunir à Copenhague, pour, de là, se rendre tous ensemble à Stockholm.

M. Bove a donné déjà plusieurs conférences à Naples, à Gênes et à Turin. Il donnera une conférence à Rome, dans le but de préparer une souscription publique pour entreprendre une expédition scientifique vers le pôle antarctique.

Nordenskiold à Lisbonne.

Le professeur Nordenskiold est arrivé à Lisbonne le 16 mars, plus tôt qu'il n'était attendu par la Société de Géographie de cette ville, et juste au moment où elle était occupée à la réception de ses explorateurs africains, Brito Capello et Roberto Ivens.

Le savant professeur s'est arrêté si peu de temps à Lisbonne qu'il a été impossible à la Société de Géographie de lui faire une réception comme elle le désirait. Mais le Portugal n'a pas manqué d'offrir à l'intrépide explorateur du passage du Nord-Est l'hommage de son admiration et de son estime. La presse, en général, et particulièrement celle de Lisbonne, s'est largement occupée de l'expédition suédoise et lui a décerné les plus grands éloges. Le roi Don Louis et son père ont reçu le professeur et ses compagnons avec les plus vives satisfactions d'estime et de joie, dont a été témoin notre cher collègue M. Luciano Cordeiro, secrétaire général de la Société de Géographie de Lisbonne, qui se trouvait justement à cette occasion aux palais d'*Ajuda* et *das Necessidades*.

Le roi Don Louis a eu une longue conférence avec Nordenskiold sur son audacieuse et heureuse exploration. M. le ministre de Suède, à Lisbonne, donna, en l'honneur de Nordenskiold, une soirée à laquelle se firent représenter la Société de Géographie, l'Académie des Sciences et tout le corps diplomatique.

Nordenskiold à Londres.

La visite des grands explorateurs suédois à Londres a malheureusement eu lieu à Pâques, et il a été impossible de convoquer la Société de Géographie pour un grand meeting en leur honneur, car tous les principaux membres étaient soit en vacances, soit occupés par l'élection générale du Parlement. Si la *Vega* était arrivée deux jours plus tôt à Portsmouth, la Société de Géographie aurait fait aux braves Suédois une réception qui aurait montré combien les Anglais apprécient hautement la patience, la prévoyance et les connaissances scientifiques sans lesquelles une entreprise d'une telle importance n'aurait pas abouti.

Pendant les premiers jours de la semaine de Pâques, tous les gardes-côtes anglais stationnaient le long de la côte méridionale de l'Angleterre pour donner le signal de l'arrivée de la *Vega*. Le *Fire-Queen*, ayant à bord Sir Georges Nares, une notable partie des officiers de l'Arctique, ainsi que des députations de la légation suédoise et de la Société royale de Géographie, restait à Spithead, sous vapeur, prêt à appareiller au premier signal donné. Un banquet, que devait présider le prince de Galles, de même que des jeux et des fêtes, attendait les Suédois à Londres. La *Vega* n'arrivant pas et les fêtes de Pâques s'approchant, il ne fut plus question d'une réception publique et enthousiaste, et le départ de la reine Victoria pour l'Allemagne la mettait dans l'impossibilité de recevoir les explorateurs à leur arrivée à Londres.

Le professeur Nordenskiold et le capitaine Palander arrivèrent à Paddington le soir du vendredi-saint, 26 mars ; ils furent reçus le samedi par M. Clément Markham, et la délégation des Gardes de la Reine fut invitée à se porter à leur rencontre. Un lunch fut donné, en leur honneur, le dimanche, par le Consul général de Suède, ainsi qu'un dîner par Sir Allen Young. Le comte de Northbrook, président de la Société royale géographique de Londres, les invita le lundi à dîner et à passer la nuit à Stratton. Le matin du mardi, une courte visite fut faite à Winchester, pour voir la cathédrale. Ils se rendirent alors à Coombe-Bank, résidence de M. Spottiswoode, président de la Société Royale. A leur retour à Londres, ils furent reçus par M. Clément Markham, qui leur offrit un lunch; ils dînèrent chez le ministre suédois, le généreux E. Piper. Dans la soirée, le club de Scandinavie donna une fête, qui avait été deux fois remise et pour laquelle plusieurs chants avaient été expressément composés. Il est regrettable que les vacances de Pâques et les élections, qui avaient presque vidé Londres, soient survenues en même temps que l'arrivée de Nordenskiold. Mais la cordialité réelle avec laquelle les glorieux pionniers de l'Arctique ont été reçus par quelques-uns des protecteurs les plus distingués des sciences en Angleterre, montre assez clairement que les Anglais ne le cèdent à personne dans l'appréciation du vrai mérite, et peut-être le professeur Nordenskiold lui-même a-t-il considéré sa paisible visite au foyer de l'Angleterre, comme un intermède agréable à la succession des brillantes réceptions qui lui ont été faites pendant les derniers six mois de son expédition.

Nordenskiold en France.

Le célèbre savant est arrivé à Boulogne par le paquebot le Folkestone. Il était accompagné du capitaine Palander, commandant du navire la *Vega*. M. le Président et MM. les membres de la Chambre de Commerce, l'Administration municipale et un grand nombre de notabilités l'attendaient sur le quai, où s'était réunie une foule considérable, désireuse de voir et d'acclamer le voyageur suédois.

La gare maritime avait été pavoisée comme aux jours de grande fête, et lorsque M. Nordenskiold est descendu de bateau, des vivats ont été poussés en son honneur par les assistants.

Après les présentations d'usage, M. le Président de la Chambre de Commerce l'a conduit dans un salon du buffet de la gare maritime, où une collation lui a été offerte, et où des félicitations chaleureuses lui ont été adressées sur le succès de son expédition par les personnes présentes, et notamment par les membres de la Colonie suédoise.

Le même jour, vendredi 2 avril, à six heures quarante minutes du matin, M. le professeur Nordenskiold et le capitaine Palander arrivaient à Paris, gare du Nord. Par les soins de l'administration du chemin de fer du Nord, une des salles avait été transformée en salon d'attente, où l'attendaient une trentaine de personnes, appartenant au monde géographique, scientifique, à la colonie suédoise et à la presse.

A son entrée dans le salon, Nordenskiold suivi de M. Palander a été reçu par M. Grandidier, qui a prononcé l'allocution suivante :

« Monsieur,

« Je salue avec bonheur votre arrivée au milieu de nous, et, au nom de la Société de géographie de Paris, au nom des Sociétés de géographie des départements et des Sociétés scientifiques de France, je vous souhaite la bienvenue. »

« Unies dès longtemps dans un même sentiment d'admiration pour vos voyages successifs, si féconds en découvertes utiles aux diverses branches des connaissances humaines, toutes ces Sociétés ont tenu à vous apporter aujourd'hui le témoignage de leurs sympathies cordiales pour la grande œuvre à laquelle vous vous êtes dévoué. »

« Tous, nous applaudissons aux succès que vous venez de remporter sur les glaces du Nord, en faisant le périple complet de l'Asie et de l'Europe, succès que vous avez préparé par vos études et vos voyages antérieurs, poursuivis avec une si louable et si heureuse persévérance. »

« Recevez donc, Monsieur, au nom des savants français, dont je m'honore en ce moment d'être l'interprète, l'expression de nos sentiments de vive admiration et nos remerciements pour avoir répondu à notre invitation. »

« Soyez aussi le bienvenu, monsieur Palander, vous qui avez si heureusement conduit la *Vega* à travers tous les dangers de l'Océan glacial. »

M. Nordenskiold et le capitaine Palander ont remercié vivement M. Grandidier, qui a aussitôt présenté les délégués de la Société de géographie.

Après s'être entretenu un moment avec M. Sibbern, ministre de Suède à Paris, M. Nordenskiold a salué les diverses personnes de l'assistance, répondant avec cordialité aux compliments dont on l'accablait.

La réception a été ainsi rapidement terminée, les voyageurs ayant besoin de repos.

Au moment où Nordenskiold et le capitaine Palander montaient dans la voiture de M. Nobel, l'inventeur de la dynamite, vieil ami du célèbre voyageur suédois, auquel il a offert l'hospitalité dans son hôtel des Champs-Elysées, la foule, assez considérable, malgré l'heure matinale, a battu des mains et a fait entendre de chaleureux bravos en leur honneur.

Le même jour, vendredi, 2 avril, à huit heures du soir, avait lieu au Cirque des Champs-Élysées la séance de la Société de géographie de Paris pour la réception du professeur Nordenskiold et du capitaine Palander.

Le nombre des personnes qui s'étaient rendues à la séance était considérable, et dès sept heures et demie toutes les places étaient occupées.

A huit heures et demie, l'amiral La Roncière le Noury, président de la Société de géographie, paraît conduisant le prince Oscar de Suède, le professeur Nordenskiold et le capitaine Palander ; les spectateurs se lèvent et saluent d'une triple salve d'applaudissements les courageux explorateurs.

M. La Roncière le Noury prend place au fauteuil de la présidence ; à sa droite est le prince Oscar de Suède ; à sa gauche M. Nordenskiold ; à côté de ce dernier, M. Jules Ferry, ministre de l'instruction publique ; à la droite du prince Oscar, M. Palander.

Le Président du Conseil des Ministres était représenté par M. Mollard, M. Hérold par M. Vergniaud, secrétaire général de la préfecture de la Seine.

L'amiral La Roncière le Noury a ouvert la séance par l'allocution suivante :

« MESSIEURS,

« La Société de Géographie se réunit de temps à autre en assemblée extraordinaire pour acclamer ces hommes qui d'un seul coup ouvrent de larges brèches dans l'inconnu.

« Il est aisé de comprendre que l'Afrique ait plus spécialement, depuis quelques années, le privilège de concentrer l'effort des voyageurs et de captiver la curiosité générale.

« A nos portes, en effet, elle déroule des territoires immenses qui semblent défier l'exploration ; elle dérobe encore à notre étude des fleuves considérables et de puissants massifs de montagne.

« Vainqueurs dans leur lutte contre ces mystères au redoutable attrait, Cameron, Stanley, de Brazza et Ballay, Serpa Pinto, ont trouvé parmi nous un accueil chaleureux ; en applaudissant à leur retour nous saluions aussi les vifs rayons dont leur succès éclairait la géographie de l'Afrique.

C'est du Nord aujourd'hui que nous vient la lumière !...

« Nous vous avons conviés, Messieurs, pour acclamer une victoire sur l'inconnu polaire. Ses hautes latitudes recèlent aussi bien des problèmes géographiques, sans compter l'accès du pôle... Des glaces, des brumes, un climat brutal les défendent ; mais comme la nature avait jadis horreur du vide, l'homme a horreur de l'inconnu. Il l'attaque sans relâche, à tout prix, et vous savez ce que le sphinx polaire a déjà dévoré de victimes.

« Nous venons de voir résoudre l'un de ces problèmes : celui du passage Nord-Est, qui préoccupait Jean Cabot il y a près de 400 ans, et dont la solution toujours rêvée a coûté tant d'efforts et de sacrifices. Vasco de Gama avait achevé le périple de l'Afrique ; Magellan, puis Mac-Clure, celui de l'Amérique ; Nordenskiold et Palander ont achevé le périple de l'ancien monde. Dans quelques jours la *Vega* fermera son majestueux circuit : partie d'Europe par l'est, elle y reviendra par l'ouest, après avoir visité « le Kathaï et l'Inde. »

« Nous saluons donc en nos hôtes de ce jour les héros d'un grand événement dans l'histoire de la géographie.

« A son caractère épique, le succès du professeur Nordenskiold en joint un autre qui lui donne plus de prix encore à nos yeux. Si des vues élevées sur le développement du commerce entre l'Europe et l'Asie ont pu entrer pour une part, — et il faut s'en féliciter, — dans le voyage de la *Vega*, c'est la science qui l'a préparé, qui l'a dirigé et qui en recueillera les premiers fruits. L'étude et l'expérience acquise dans de précédents voyages avaient permis à M. Nordenskiold d'évaluer les chances et de préparer les éléments de réussite de son audacieuse tentative. Pendant un trajet de dix-huit mois, pendant un emprisonnement de neuf mois au milieu des neiges et des glaces, pas un jour ne s'est écoulé sans que les savants éminents du bord n'aient recueilli, chacun dans sa spécialité, des observations précieuses pour la physique terrestre.

« Les traditions scientifiques magistralement posées par nos circumnavigations françaises et largement développées dans les récentes explorations maritimes des diverses puissances, les voyageurs de la *Vega* les ont suivies avec une ténacité que rien n'a fait fléchir. Elles nous vaudront de nouveaux trésors pour l'étude des lois admirables où se reflète la grandeur de la création et dont la recherche est l'honneur de l'esprit humain. Nordenskiold, qui a été l'âme de ces travaux, va nous exposer les grandes lignes du voyage dont le récit plus détaillé exigerait de longues heures.

« Il vous dira l'auguste et généreux appui qu'a daigné prêter à l'organisation de l'expédition S. M. le roi de Suède et de Norvége, dont nous nous honorons de voir aujourd'hui l'un des fils au milieu de nous ; puis la libéralité inépuisable des deux Mécènes des explorations polaires, le Suédois Oscar Dickson et le Russe Alexandre Sibériakoff.

« Il vous dira ce qu'il doit à l'habileté expérimentée, au calme, à la sûreté de vue du commandant Palander, chargé de diriger au milieu des brumes, dans des parages inconnus, semés de dangereux archipels de glaces flottantes, la vaillante petite *Vega*, qui portait le destin d'une généreuse idée et de ceux qui se dévouaient pour la réaliser.

« Il vous dira, enfin, ce qu'il a trouvé chez ses compagnons de voyage, savants distingués, officiers ou modestes matelots, de zèle courageux, d'abnégation pour l'œuvre commune. »

La parole est à M. le professeur Nordenskiold.

« Monsieur le Président,
« Messieurs,

« Mon premier devoir est de remercier la Société de Géographie et les Sociétés scientifiques françaises de leur chaleureux accueil.

« Permettez-moi d'en faire honneur au souverain d'un haut esprit, aux hommes généreux qui ont rendu possible le voyage, à mon ami le commandant Palander et à son équipage, dont la vigilance toujours en éveil et la calme résolution ont préservé la *Vega* de périls connus et inconnus, à ces savants qui vous reviennent les mains pleines de richesses scientifiques.

« Les sympathies dont je me sens entouré ici ne me surprennent point. Dès longtemps je connais la France et suis fier de compter d'illustres savants français au nombre de mes amis. Puis-je oublier d'ailleurs ma qualité de correspondant étranger de l'Académie des sciences de Paris, et de la plus ancienne des Sociétés de géographie ? Permettez-moi d'ajouter que sans le canal de Suez, ce passage sud-est ouvert par le génie tenace d'un Français, la *Vega* lutterait peut-être à cette heure contre les tempêtes du cap de Bonne-Espérance.

« Notre Président vient de vous annoncer un résumé rapide du voyage. En effet, l'exposé des détails exigerait de longues heures : quant aux résultats, ils demanderont peut-être de longs mois pour se produire. Puissent-ils être bientôt contrôlés, complétés par d'autres expéditions!...

« Une série de voyages aux régions polaires, dont le premier fut fait sous les savantes directions des docteurs Loven et O. Torell, avaient tourné mon attention vers la grande question du passage Nord-Est.

« Cette question en contenait une autre, moins importante sans doute au point de vue scientifique, mais dont la solution devait être plus féconde en conséquences commerciales. La mer de Kara, qui s'étend entre la Nouvelle-Zemble et la presqu'île des Samoyèdes, est la route obligée entre l'Europe et les estuaires de l'Obi et de l'Iénisséï; traversée, en 1737, par Malougine et Skouratof, cette mer avait, depuis lors, opposé de constants obstacles aux navigateurs.

« Les diverses expéditions de 1875 et de 1876 eurent pour résultat d'établir définitivement la navigation de cette mer mal famée. C'était une voie nouvelle ouverte au commerce, et déjà l'an dernier Hambourg a reçu du blé qui a été vendu meilleur marché que le blé américain.

« Le succès de ces expéditions m'engagea à aborder résolument le vrai problème et à tenter, à mon tour, le passage du Nord-Est. J'étais familiarisé, par mes précédents voyages, avec les mers polaires, et il me semblait que l'insuccès des premiers navigateurs avait tenu à une connaissance incomplète du régime des glaces dans ces régions. Les grands fleuves qui descendent vers l'Océan glacial lui apportent de latitudes plus méridionales un fort tribut d'eaux chaudes, dont les courants, dirigés d'abord vers le Nord, sont rejetés vers l'Est par la rotation de la terre. Pendant les mois d'août et de septembre la mer est dégagée jusqu'à une grande distance des côtes, et cette large bordure d'eau libre doit offrir un chemin facile aux navires. Les faits n'ont point démenti mes prévisions.

« Nous partîmes de Tromsoë le 9 juillet 1878 ; deux navires de commerce, le *Frazer* et l'*Express*, devaient nous suivre jusqu'à l'Iénisséï, tandis qu'un troisième, la *Lena*, ne nous quitterait qu'à l'embouchure du fleuve dont elle portait le nom.

« La première partie de la route nous était déjà familière. Après une courte relâche à l'île Vaïgatz, nous traversâmes la mer de Kara au milieu d'un brouillard intense, et le 19 juillet, nous étions arrivés à l'embouchure de l'Iénisséï, dans un lieu nommé Port-Dickson.

« Nous partîmes le 10 août et mîmes le cap au nord. Nos deux bâtiments faisaient leurs premiers pas dans l'inconnu ; la mer, recouverte de glaçons à demi fondus, n'opposait point d'obstacle à notre marche ; mais nous étions enveloppés de brumes épaisses, et sans les sifflets de nos machines qui fonctionnaient incessamment, on eût pu craindre une collision.

« Les cartes de la côte, excellentes pour l'époque où elles furent établies par le dévouement et le courage au-dessus de tout éloge des explorateurs russes, présentent cependant des erreurs assez notables pour être dangereuses à la navigation.

« Nous fîmes relâche quatre jours dans la baie de Taïmour, pour attendre un temps plus clair : mais la brume ne se dissipa point, et nous dûmes repartir, car notre temps était précieux. Nous avions à craindre seulement que l'obscurité ne nous empêchât d'aborder à l'extrémité de la péninsule ; heureusement par instants nous pouvions entrevoir la côte à la faveur de quelque éclaircie.

« Le 19 août nous étions en présence du cap Tchéliouskine, et nous pouvions jeter l'ancre dans la petite baie qui découpe en deux son extrémité nord. Le cap était assez libre de neige, éclairé par un beau soleil ; un ours blanc, seul habitant de ces régions, se retira prudemment à notre approche. Vers l'intérieur, la terre se relevait peu à peu, et sur les pentes des montagnes, hautes de près de 300 mètres, des taches blanches brillaient çà et là dans les anfractuosités des rochers.

« Nous avions doublé les premiers cette borne septentrionale de l'ancien monde ; nous hissâmes les pavillons, et les salves d'un de nos canons saluèrent cette première victoire.

« Le lendemain, nos navires prenaient la direction de l'est, où nous espérions trouver la mer libre ; mais les glaçons, toujours plus nombreux et serrés devant nous, nous obligèrent à rebrousser chemin ; il fallut nous résoudre à serrer de plus en plus les côtes ; nous avions ainsi perdu deux jours, et nous ne devions pas tarder à mesurer toute l'importance de ce contre-temps.

« Nous longeâmes sans difficulté la côte orientale de la péninsule du Taïmour ; par suite des erreurs de longitude que nous avions déjà été à même de constater, nos cartes indiquaient le continent là ou s'étendait la mer ; nous naviguions en pleine terre.

« Après une courte halte à l'embouchure de la Katanga, nous nous trouvâmes, le 27 août, vis-à-vis du delta de la Lena : c'était là que les deux bâtiments devaient se séparer ; nous dîmes au revoir à nos compagnons de route, et la *Vega*, restée seule, mit le cap au N.-E., dans la direction des îles Liakoff. Nous espérions aborder à ces îles, gisements de mammouths qui firent la fortune de leur découvreur, et qui offrent encore au savant un immense champ d'investigations ; mais nous dûmes y renoncer dans la crainte que les difficultés du débarquement ne nous créassent de nouveaux retards ; nous franchîmes le Sviatoï Nos, et le 3 septembre nous nous trouvions aux îles aux Ours, petit archipel qui s'élève dans la mer en face du delta de la Kolima.

« C'est à partir des îles aux Ours que les glaces commencèrent à entraver sérieusement notre marche ; à mesure que nous nous rapprochions de la côte, la bordure d'eau libre se rétrécissait devant nous, et la marche du navire devenait plus lente.

« Au delà du cap Chlegaskoï, nous fûmes constamment obligés de faire relâche sur la côte ; ce fut ainsi que nous entrâmes en contact avec les Tchouktchis, dont les petits villages parsèment le littoral sibérien du cap Chlegaskoï au détroit de Behring.

« Les glaces nous retinrent du 12 au 18 septembre sur la côte orientale du cap Irkaïpi. MM. Nordqvist et Almqvist mirent cette halte à profit pour étudier les débris nombreux d'habitations et d'ustensiles attribués aux Onkilones, anciens habitants de la contrée.

« Le 18 septembre, l'état de la glace n'ayant point changé, il fallait partir pour éviter un hivernage. Les quelques jours de navigation qui suivirent furent de plus en plus pénibles; nous n'avions plus pour naviguer qu'un étroit chenal, profond de 3 mètres et demi à 4 mètres et demi seulement, et la brume qui nous entourait rendait impossible toute tentative de chercher un chemin ailleurs.

« Le 28 septembre, enfin, nous étions parvenus, au prix de mille peines, au delà de la baie de Kolioutchine; nous touchions au terme du voyage quand nous nous trouvâmes emprisonnés par les glaces; d'abord, nous pûmes espérer que cet arrêt serait temporaire, mais les jours succédèrent aux jours, sans amener aucun changement à notre position, nous vîmes bientôt qu'il fallait faire nos préparatifs pour l'hivernage; c'était là une dure nécessité, il n'y avait plus entre nous et l'eau libre qui nous conduisait à l'océan Pacifique que l'insignifiante distance de 10 kilomètres, et quelques jours économisés sur notre voyage eussent suffi à nous la faire franchir.

« Heureusement nous étions préparés à cette éventualité, l'aménagement du navire ne laissait rien à désirer, et nous avions des vivres en abondance.

« Nous nous amarrâmes solidement derrière un bloc de 6 mètres de hauteur et, bien qu'à un kilomètre du rivage, nous étions là en pleine sécurité. Du reste, alors même que notre navire eût été détruit, un retour par terre était praticable.

« L'hivernage dura neuf mois, mais pendant cette longue réclusion l'équipage ne perdit rien de son entrain; grâce à notre excellent régime alimentaire, nous n'eûmes à déplorer aucune maladie, et nous fûmes épargnés par le scorbut, compagnon de tant d'expéditions polaires.

« Le froid fut intense; le minimum observé pendant le mois de janvier atteignit —46° degrés centigrades; mais nous avions de quoi nous prémunir contre cette basse température; elle occasionna seulement quelques engelures promptement guéries.

« Les occupations ne manquaient pas pour tenir l'équipage en haleine; nous fîmes avec régularité nos observations météorologiques et le lieutenant Palander étudia avec un appareil de son invention les variations de la hauteur de l'eau, et le lieutenant Bove, de la marine italienne, se livra à de précieux travaux hydrographiques.

« Nombreuses et intéressantes furent aussi nos observations sur les Tchouktchis. Quelques-uns de leurs villages pouvant bien compter ensemble deux cents habitants, se trouvaient à proximité de nos quartiers d'hiver. A peine le bruit de notre arrivée s'était-il répandu dans le pays que le pont de la *Vega* était devenu un lieu de rendez-vous général; nous ne cessâmes jusqu'au dernier moment d'avoir les meilleurs rapports avec ce peuple honnête et paisible.

« Les Tchouktchis du littoral, que leurs instruments, dont nous avons rapporté un certain nombre, nous montrent comme sortant à peine de l'âge de pierre, n'ont ni religion, ni organisation sociale quelconque ; les phoques leur fournissent leurs demeures et leurs vêtements. Les tribus de l'intérieur vivent de l'élève des rennes ; elles ont des chefs ou *staroste ;* l'un d'entre eux, Bazili Menka, nous rendit solennellement visite dès les premiers jours de l'hivernage.

« Les Tchouktchis ne parlaient pas le russe ; aussi, pour faciliter nos communications, le lieutenant Nordqvist se mit à apprendre leur langue ; il le fit avec tant de zèle, qu'au bout de quelques semaines il parvenait fort bien à se faire comprendre ; il prépare un vocabulaire qui contiendra un millier de mots environ de cette langue inconnue.

« Diverses excursions que quelques-uns d'entre nous firent dans l'intérieur achevèrent de nous faire connaître les mœurs de ces intéressantes peuplades ; nous n'avons guère que du bien à en dire, et les Tchoukchis auraient certainement toutes les qualités s'ils n'avaient le grave défaut de manquer un peu de respect pour la parole donnée.

« C'est au mois de juin seulement que la température, jusque-là fort rigoureuse, commença à s'élever progressivement ; le 13, il se fit un changement subit, et depuis lors le thermomètre ne descendit qu'exceptionnellement au-dessous de zéro.

« Mais nous avions encore un mois avant la débâcle définitive ;

ce furent d'abord les glaces de l'intérieur qui fondirent, déversant de véritables torrents dans la mer ; puis des trous se formèrent partout autour de nous dans la glace ; enfin le 18 juillet les portes de notre prison s'ouvrirent soudain, et la *Vega* put reprendre sa course interrompue pendant 294 jours.

« Le 20 juillet au matin nous doublions la pointe orientale d'Asie ; le passage N.-E., vainement cherché depuis 326 ans, était franchi ; le pavillon suédois flotta sur le grand mât, et nos canons firent retentir les échos de l'ancien et du nouveau monde.

« Je ne veux point m'étendre sur la dernière partie de l'expédition ; pour utiliser la fin de la saison, nous ne nous dirigeâmes point immédiatement sur le Japon ; la *Vega* explora les deux rives du détroit de Behring ; elle mouilla successivement dans la baie de Saint-Laurent, où nos naturalistes, MM. Kjellmann et Stuxberg, achevèrent leurs études sur la faune et la flore à la presqu'île des Tchouktchis, puis à Paul-Clarence, sur la rive américaine, où nous rencontrâmes toute une population d'Esquimaux.

« Enfin nous fîmes halte à l'île de Behring, où j'eus le bonheur de faire une grande collection d'ossements de la vache marine disparue, nommée *Rhytina Stelleri*, en l'honneur du naturaliste qui la découvrit.

« Le 2 septembre 1879, nous arrivions à Yokohama ; notre expédition était virtuellement terminée ; il ne nous restait plus qu'à achever, dans des mers bien connues, le périple de l'ancien monde.

« L'on me demandera maintenant de résumer en quelques mots le résultat de l'expédition.

« Elle a démontré tout d'abord la praticabilité du passage Nord-Est ; dire que ce voyage puisse être renouvelé avec un succès constant serait se hasarder ; mais il est possible d'affirmer qu'en mettant à profit les expériences acquises sur le régime des glaces, on a de grandes chances de réussir.

« Nous avons en outre rectifié la fausse position donnée dans la carte actuelle de la péninsule du Taïmour ; nos études sur la faune et la flore de la mer glaciale, contribueront certainement à résoudre la question de savoir si cette mer est une ancienne méditerranée ou une méditerranée à venir, si jadis les deux mondes se donnaient la main ou si, au contraire, ils s'avancent l'un vers l'autre.

« « Nos études magnétiques, météorologiques, ethnographiques, celles surtout dont la faune et la flore de la presqu'île tchoutche ont été l'objet, enrichiront la science de données nouvelles et de quelque importance.

« Déjà l'expédition de 1875 et 1876 avait ouvert au commerce la voie de l'Obi et de l'Iénisséï ; celle de la Lena est maintenant ouverte également.

« Quant aux communications possibles entre l'extrême-Orient et la côte sibérienne, nous ne pouvons nous vanter de les avoir définitivement ouvertes, et la question doit être encore mûrie.

« Cependant il n'est pas déraisonnable d'admettre que des pilotes se formeront, que de progrès en progrès, d'expérience en expérience, on arrivera à parcourir ces parages dans des conditions relativement sûres. Rappelons-nous que, solitaires et justement redoutés pendant des siècles, ils ont été, du côté de l'est et de l'ouest, sillonnés depuis quelques années d'itinéraires de plus en plus nombreux, désormais reliés par le sillage de la *Vega*.

« Sans un retard causé par des recherches scientifiques, payé par un long hivernage, et qu'on sera sans doute disposé à nous pardonner ici, nous aurions accompli d'une seule traite la traversée entre l'Atlantique et le Pacifique par le passage Nord-Est. Peut-être entreprendrai-je encore un voyage polaire. Dans ce cas, me serait-il permis d'émettre le vœu qu'un savant ou qu'un marin français partageât les risques et contribuât au succès de la nouvelle entreprise ? »

Après ce récit souvent interrompu par les applaudissements de l'assistance, le Président de la Société de géographie s'adresse en ces termes à l'éminent explorateur :

« MONSIEUR,

« La parole même la plus éloquente n'ajouterait rien aux applaudissements que vous venez d'entendre. Nous espérons que l'écho en arrivera jusqu'aux promoteurs du voyage et jusqu'à vos compagnons de route, pour attester l'intérêt que le public et les géographes français portent aux résultats du voyage de la *Vega*.

« L'énergique commandant Palander permettra bien à l'un de ses anciens dans la carrière maritime de lui dire qu'il apprécie hautement par expérience l'importance des services qu'il a rendus à l'expédition.

« Les applaudissements de l'assemblée sont comme une consécration du verdict de la science. Je suis heureux, en effet, Monsieur Nordenskiold, de pouvoir vous informer, qu'après vous avoir décerné, il y a dix ans, la médaille du prix La Roquette, la Société de Géographie de Paris décerne cette fois-ci sa grande médaille d'or au chef de l'expédition de la *Vega*. »

M. Nordenskiold a répondu :

« Monsieur le Président,

« Je suis profondément touché de l'honneur conféré à l'expédition de la *Vega*, par l'attribution de la grande médaille d'or de la Société de géographie de Paris.

« Au nom du commandant Palander et de tous mes savants compagnons de voyage, je vous en remercie sincèrement.

« Nous sommes d'autant plus sensibles à cet honneur que vous représentez, comme président de la Société de géographie et comme marin, un pays dont le rôle a été si prépondérant dans les grandes explorations scientifiques.

« Je sais ce que le Gouvernement français, l'Institut, les Sociétés scientifiques françaises et en particulier la Société de géographie de Paris, ne cessent de faire pour l'étude du globe, l'une des plus nobles et des plus fécondes qu'il soit donné à l'homme de poursuivre.

« Merci donc, Monsieur le Président, et merci, Messieurs. »

La séance a été levée à neuf heures.

Le Ministre de l'Instruction publique a décidé que la relation lue par le professeur Nordenskiold serait insérée au *Journal officiel*. On la trouve, en effet, dans le numéro du 4 avril 1880.

Le professeur Nordenskiold à la réunion générale des Sociétés savantes des départements à la Sorbonne.

Le samedi, 3 avril, a eu lieu dans la grande salle du concours général, sous la présidence de M. Jules Ferry, Ministre de l'Instruction publique et des beaux-arts, la distribution des récompenses aux Sociétés savantes et aux savants des départements.

A une heure et demie, Monsieur le Ministre est arrivé, accompagné de M. Alfred Rambaud, son chef de cabinet; il a été reçu par M. Gréard, vice-recteur de l'Académie de Paris, par les hauts fonctionnaires de l'Université et par les membres du Comité des travaux historiques. M. Turquet, sous-secrétaire d'État au département des beaux-arts, l'avait précédé de quelques instants.

S. A. R. le prince Oscar de Suède, qui a bien voulu honorer de sa présence cette solennité, a été reçue par le Ministre. Le prince a été conduit immédiatement à la place d'honneur qui lui était réservée dans la tribune du sud. Il était accompagné de M. Molard, introducteur des ambassadeurs, et d'une suite nombreuse.

Le Ministre avait à sa droite le célèbre voyageur Nordenskiold et M. Gréard; à sa gauche M. Turquet et M. le capitaine Palander, qui commandait la *Vega* dans l'expédition suédoise du Nord-Est.

Le Ministre a ouvert la séance et prononcé immédiatement le discours suivant :

« Messieurs,

« Une bonne fortune dont nous sommes fiers et ravis nous fait coïncider avec la réunion des Sociétés savantes, cette fête annuelle de la science française, le passage du savant le plus illustre et le plus fêté de l'heure présente, de M. le professeur Nordenskiold (Vifs applaudissements), et du digne et courageux compagnon de ses travaux, M. le capitaine de vaisseau Palander, commandant le navire la *Vega*. (Nouveaux applaudissements.)

« C'est pour moi une grande joie et un grand honneur de pouvoir présenter ici, à cette élite des savants français qui ne fut jamais plus nombreuse qu'en ce jour, les deux hommes qui achèvent en ce moment, au milieu des acclamations de l'Europe entière, le merveilleux voyage de circumnavigation qu'ils viennent d'accomplir autour de l'ancien monde. C'est pour moi un grand honneur de les recevoir dans cette antique Sorbonne, l'une des plus vieilles maisons de science qui soient dans le monde. (Applaudissements.)

« M. Nordenskiold et M. Palander ont les premiers, vous le savez, découvert et pratiqué le passage du Nord-Est, qui met en communication l'océan Atlantique avec le Pacifique, — ce passage défendu, jusqu'à ce jour, par les horreurs d'une formidable nature et si souvent cherché, si souvent tenté, si souvent manqué depuis le seizième siècle.

« Avec quelle sûreté de méthode cette entreprise a été conçue, avec quelle énergie elle s'est exécutée, avec quelle fermeté — dans cette adversité inattendue, le long hivernage de neuf mois, dont M. Nordenskiold présentait hier à 4,000 Parisiens surpris et charmés le simple et véridique tableau, — vous le savez, Messieurs. Avec quel profit pour la science : des savants éminents l'ont dit devant l'Académie, et je voudrais qu'ils fussent tentés de le redire ici...

« Messieurs, les mystères des régions polaires ont de tout temps attiré deux sortes d'esprits : les uns, que j'appellerai les aventuriers sublimes, poussés avant tout par l'attrait de l'inconnu et par l'héroïsme de leur nature, allant droit devant eux et semant de leurs os glorieux les glaces infranchissables ; les autres, calculateurs de génie, semblables à ce grand capitaine qui prenait une carte et disait : « Je les battrai là », savent où ils vont quand ils partent, et passent là même où ils ont promis qu'ils passeraient. (Vifs applaudissements.)

« M. Nordenskiold appartient à ces derniers : sa gloire est d'avoir tout prévu. Son entreprise reposait sur des observations scientifiques aussi profondes que simples ; tout son plan était calculé sur des prévisions qui se seraient réalisées à point nommé, si quelques heures de trop, employées à des recherches scientifiques, n'avaient permis aux glaces de prendre les devants. M. Nordenskiol avait prévu même l'insuccès, même la destruction de son navire, même le retour par terre. De sorte que de cette expédition, l'on peut dire qu'elle reste le modèle des expéditions vraiment scientifiques ; car tout y fut disposé, combiné, pour que pas une heure ne fût perdue pour la science, et à bord, comme à terre, c'est pour la science qu'elles furent toutes dépensées. (Applaudissements.)

« Aussi, Messieurs, en recevant et en acclamant ce glorieux revenant des régions inconnues, ce conquérant pacifique et bienfaisant que vous considérez dès aujourd'hui comme un des vôtres, ce ne sont pas seulement les conquêtes faites que vous acclamez, mais les conquêtes à faire... (Applaudissements.)

« Et puisque nous avons entendu, hier, M. Nordenskiold annoncer, au grand applaudissement de l'assistance, qu'il méditait une nouvelle expédition et qu'il espérait, cette fois, avoir le concours de quelques navigateurs et de quelques savants français, je crois pouvoir lui promettre qu'il ne se trompe pas et qu'il n'aura que l'embarras du choix entre les plus courageux, les plus instruits, les plus illustres. (Très-bien ! très-bien !)

« Messieurs, si la connaissance de plus en plus complète de la planète que nous habitons est le véritable but, le but le plus élevé de l'activité intellectuelle, si le triomphe croissant de l'homme sur la nature est la glorieuse formule des destinées humaines, j'ai le droit de vous le dire, M. Nordenskiold, n'en déplaise à votre modestie qui est celle d'un vrai savant, vous avez bien mérité de l'humanité. (Vifs applaudissements.)

« Le Gouvernement de la République française a pensé, Monsieur, qu'il lui appartenait de marquer ce beau jour qui vous unit aux savants français par un témoignage durable de son estime et de son admiration.

« Sur ma proposition, M. le Président de la République française a bien voulu signer deux décrets qui confèrent aux illustres voyageurs, qui sont en ce moment nos hôtes, un rang élevé dans cette Légion d'honneur qui paye chez nous, vous le savez, ces deux choses qui n'ont pas de prix : le sang des braves et les veilles des savants. (Applaudissements prolongés.)

« J'ai l'honneur de remettre à M. Nordenskiold les insignes de Commandeur de la Légion d'honneur. (Acclamations.)

« J'ai l'honneur de remettre au commandant Palander la croix d'Officier de la Légion d'honneur. (Nouvelle acclamation.)

« Recevez, Messieurs, ces insignes au nom de la France ; recevez-les au nom de la science française, si noblement représentée dans cette assemblée ; qu'ils soient pour vous le gage des sentiments que nous professons pour vos personnes et pour vos glorieux travaux, pour votre gouvernement, de tout temps ami de la France, pour votre gouvernement qui vous a fourni les moyens d'accomplir cette expédition merveilleuse, pour le prince libéral et éclairé qui a été non seulement le promoteur, mais le bienfaiteur de cette entreprise hardie et dont le second fils veut bien honorer cette solennité de sa présence... (Triple salve d'applaudissements), pour cette nation suédoise, enfin, la vieille alliée de notre patrie, ce peuple libre, laborieux et fier qui, il y a deux cents ans, fut le soldat décisif de l'indépendance de l'Europe moderne et de la liberté de la conscience humaine (Applaudissements), et qui, désormais, déposant cette épée illustrée par tant de victoires, consacre sa vaillance traditionnelle, son indomptable énergie, à vaincre chez elle l'ignorance par les bonnes écoles et à pénétrer ces mystères des régions du Nord, dont elle garde le seuil et dont quelque jour, grâce aux Nordenskiold, elle nous livrera, sans doute, les derniers secrets. (Vifs applaudissements). »

M. Nordenskiold et la colonie Scandinave à Paris.

La colonie scandinave de Paris a donné un grand banquet à l'hôtel Continental en l'honneur du professeur Nordenskiold et du capitaine Palander. Environ 220 personnes et beaucoup de dames y prenaient part.

Le prince Oscar, les légations de Suède et de Norvège, M. Capnist, chargé d'affaires de la Russie, Mme Christine Nilson, M. Nobel, M. le comte de Nannerheim, M. Flahaut y assistaient.

La salle était magnifiquement décorée de drapeaux de toutes les nations et d'écussons portant les noms de tous les marins qui tentèrent le passage du Nord-Est.

Le professeur Nordenskiold et le capitaine Palander étaient placés à côté du prince Oscar de Suède.

En face du professeur Nordenskiold était placé un monument qui représentait la proue de la *Vega*, au milieu des glaces, surmontée du buste de Nordenskiold.

M. Jensen, président du comité, a porté un toast aux souverains du Nord, puis au beau pays de France et au Président qui est à la tête du Gouvernement.

M. Sibbern, ministre de Suède, a porté un toast à M. Nordenskiold, au capitaine Palander et à leurs compagnons.

M. Nordenskiold a répondu en disant que l'idée de la patrie donne du courage au milieu des épreuves.

Le colonel Staaf a lu une pièce de vers en l'honneur de M. Nordenskiold.

Le pasteur de la légation a porté un toast au prince Oscar de Suède, qui, à son tour, a exprimé combien il était heureux de se trouver au milieu de ses compatriotes pour fêter le grand explorateur.

Le Conseil Municipal de Paris et Nordenskiold.

Le Conseil municipal de Paris, devançant toutes les Sociétés savantes, annonça le premier l'intention de faire une réception solennelle à M. Nordenskiold.

La cérémonie eut lieu le lundi 5 avril, à 4 heures du soir, dans la salle des États, au pavillon de Flore; elle a été tout à fait digne de la ville de Paris.

Le vaste vestibule, l'escalier et les salles que le voyageur devait traverser étaient décorés de tapisseries et de fleurs. Le service d'honneur était fait par des gardes républicains en grand uniforme. La grande salle du Conseil était ornée de drapeaux français et de drapeaux suédois formant faisceau autour des armes de la ville de Paris et des écussons portant les lettres R. F.

A quatre heures, tous les élus et tous les fonctionnaires de la ville de Paris étaient là. Le président du Conseil, entouré des secrétaires, et les conseillers municipaux à leurs places ordinaires; le préfet de la Seine, le préfet de police, leurs secrétaires généraux, les directeurs des travaux, de l'administration générale, de l'enseignement, des finances et de l'assistance publique étaient au-dessous de la tribune des orateurs; les maires de Paris et les conseillers d'arrondissement derrière les bancs des conseillers municipaux. Soixante-quatre places avaient été réservées à la presse dans des tribunes situées à droite et à gauche de la salle. La place étant très mesurée, peu de personnes avaient pu être invitées; on les avait choisies parmi les anciens élus et les anciens fonctionnaires de la ville de Paris.

A quatre heures et demie, M. Cusset, vice-président du Conseil, a introduit les illustres invités. Des fauteuils dorés leur avaient été réservés devant les bancs des conseillers municipaux. M. Nordenskiold était placé en face de la tribune de même que M. Palander;

le prince Oscar était placé à gauche entre MM. Cusset et Molard d'un côté, Boué, secrétaire du Conseil, et Reuterskiold de l'autre ; M. Sibbern et le personnel de la légation de Suède et de Norvége occupaient les fauteuils de gauche. Cinq cents personnes environ composaient la réunion.

M. Cernesson, président du Conseil, s'est levé, et d'une voix claire et nette, a parlé au nom des élus de Paris et a lu le discours suivant dont les applaudissements unanimes soulignaient tous les passages élogieux pour les voyageurs de la *Vega* :

« Monsieur,

« Soyez le bienvenu à Paris.

« En vous saluant à votre arrivée dans cette ville, le Conseil municipal, dont j'ai l'honneur d'être l'interprète, s'empresse de vous féliciter sur l'heureuse issue du voyage d'exploration que vous avez entrepris et que vous avez réussi à accomplir à force de courage, de hardiesse et de persévérance. *Le passage au Nord-Est du pôle Arctique*, ce rêve si longtemps caressé des navigateurs depuis plus de trois siècles, vous l'avez enfin réalisé aux acclamations du monde entier. Votre découverte permet d'entrevoir d'immenses résultats encore inappréciables à l'heure actuelle; mais ce qu'il nous est permis d'admirer dès l'instant, sans réserve, c'est l'esprit judicieux de la savante méthode qui a présidé à votre entreprise. Rien n'a été abandonné au hasard. Vous avez compulsé attentivement toutes les relations des voyageurs qui vous ont précédé dans les régions polaires et qui, moins heureux que vous, ont été obligés de revenir sur leurs pas sans avoir atteint le but qu'ils avaient vainement poursuivi, vous avez recueilli avec soin jusqu'aux moindres récits des plus modestes pêcheurs des côtes ; puis, avec cet esprit d'intuition qui vous est familier, après avoir déterminé toutes les inconnues du difficile problème dont vous recherchiez si ardemment la solution, vous avez fixé à l'avance, avec une sûreté de vues que l'histoire enregistrera, toutes les conditions de réussite de l'expédition. (Applaudissements.) C'est alors que vous partez vers les rivages inconnus sur le navire qui porte le nom désormais glorieux de *Vega*, de cette radieuse étoile du ciel boréal dont la lumière bienfaisante vous sera d'un utile secours pendant les nuits de votre long hiver.

« Enfermé pendant neuf longs mois au milieu des glaces amoncelées autour de votre embarcation, vous voulez que la science profite du séjour forcé auquel vous êtes condamné, et vous nous rapportez de précieuses observations sur l'ethnographie des rivages de la mer Glaciale, sur la météorologie du globe, sur la faune et sur la flore des régions arctiques. (Applaudissements.)

« Vous prenez le soin de faire étudier le langage des indigènes du littoral, et, des renseignements plus ou moins précis que vous obtenez d'eux, vous déduisez immédiatement la durée de temps probable pendant lequel un chemin libre peut être offert à la navigation.

« Ainsi procèdent les hommes d'élite qui, habitués à lutter contre les obstacles, font de l'obstacle même l'instrument de leur succès.

« Grâce à votre initiative hardie, à votre courageuse persévérance, à votre science éclairée, un bel exemple a été donné au monde. Espérons qu'il fera surgir de nombreux imitateurs. (Applaudissements.)

« Paris suit d'un œil attentif ceux qui, par amour du progrès, de la science et de l'humanité, vont au loin explorer des régions inconnues ; Paris a toujours une parole d'encouragement pour ces hardis voyageurs et toujours aussi une pensée de regret pour ceux qui succombent à la peine. Sous quelque forme qu'il se produise, le dévouement à toute cause qui honore l'humanité trouve dans Paris un écho sympathique, et c'est pourquoi le Conseil municipal, interprète fidèle des sentiments de la grande cité, a tenu à honneur de vous témoigner l'estime qu'il a pour votre personne, pour votre caractère et pour vos travaux, en faisant frapper à votre intention une médaille commémorative de votre passage en cette ville. (Applaudissements prolongés.)

« Le fils du roi de Suède et de Norvége a bien voulu assister à cette séance. Nous l'en remercions sincèrement.

« Nous sommes heureux de rappeler en sa présence les liens d'amitié plusieurs fois séculaires qui unissent la nation suédoise à la nation française, et de témoigner devant lui la vive satisfaction que nous éprouvons pour le succès d'une expédition que le roi son père a prise sous son haut patronage et qu'il a puissamment aidée de ses subsides.

« Nous adressons un salut cordial et sympathique à celui qui est assis à vos côtés, M. le capitaine Palander, le valeureux commandant de la *Vega*, qui a mis au service de la science son habileté consommée de marin et son intrépidité de soldat. (Applaudissements.)

« Nous n'oublions point non plus de rendre un hommage qui leur est bien dû à tous vos compagnons de voyage et à vos généreux commanditaires MM. Dickson et Sibériakoff.

« Me sera-t-il permis, avant de terminer, de rappeler que vous avez toujours été le défenseur convaincu des idées libérales, et qu'à ce titre vous avez été l'élu de la ville de Stockholm au Parlement de votre pays ? (Applaudissements prolongés.)

« Les élus de Paris au Conseil municipal ne peuvent que se féliciter de vous compter au nombre de ceux qui poursuivent le triomphe de leurs idées et qui inscrivent sur un même drapeau la devise :

« Progrès et Liberté. (Applaudissements.) »

M. Herold, sénateur et préfet de la Seine, a pris la parole au nom de l'Administration de la ville de Paris. Son discours, d'un genre spirituel et comme familier, prononcé avec une grande pureté de diction et une grande finesse d'expression, a été particulièrement remarqué. Voici le discours de M. Herold, l'éminent préfet de la Seine :

« MONSIEUR,

« *Depuis quelques jours, vous êtes condamné à entendre bien des redites. Vous n'êtes pas à la fin. Votre entreprise est accomplie, mais votre éloge commence et il durera longtemps.*

« *Les représentants élus de la ville de Paris ont voulu vous rendre un juste hommage. Je viens, Monsieur, moi, leur ancien collègue, chargé aujourd'hui de diriger l'administration municipale au nom du gouvernement de la République, associer à cet hommage l'administration entière fière à son tour de vous le présenter.*

« *C'est la première fois, Monsieur, que le Conseil municipal de Paris, tel qu'il est sorti de nos institutions récentes, fait un accueil solennel à un illustre étranger. Vous voudrez bien me permettre de féliciter notre vieille et chère cité d'un début aussi heureux. (Applaudissements.) Vous êtes un savant, vous êtes un homme hardi et prudent, vous aviez prévu les mésaventures : par tous ces côtés, vous répondez à l'esprit du siècle et à l'esprit français nouveau. (Applaudissements prolongés.) Vous êtes enfin un civilisateur, car vos travaux auront des suites heureuses : par là vous répondez à une vieille prétention française, celle de s'intéresser à tout ce qui touche au bien de l'humanité. La vivacité de nos sentiments pour vous peut bien déjà s'expliquer ainsi.*

« *Voulez-vous me permettre de vous en donner une raison de plus ? Dans ce savant, dans ce découvreur qui s'appelle Nordenskiold, nous sommes heureux de rencontrer un Suédois, et un Suédois libéral (la qualité n'est pas très rare en Suède). (Applaudissements.) Vous appartenez à une nationalité dès longtemps sympathique entre toutes à la France. Nous sommes heureux de saluer, à côté de vous, votre jeune prince, qui n'a pas craint d'accompagner son glorieux compatriote dans l'antre, pacifique d'ailleurs, de la démocratie parisienne. (Applaudissements prolongés.) Enfin, s'il me permet de l'ajouter, le très aimable et très aimé ministre plénipotentiaire de votre nation, qui sait donner tant de charmes aux relations officielles, n'est peut-être pas non plus étranger aux sentiments d'amitié qui se manifestent autour de vous. (Applaudissements.)*

« *Je m'arrête, Monsieur, car je sortirais de la vérité en cherchant à notre empressement trop de motifs étrangers à vous-même.*

« *Votre intrépide et habile compagnon, le commandant Palander, a droit aussi à tous les témoignages de notre haute estime, nous sommes heureux de les lui offrir. L'histoire sommaire de votre expédition a été lue, en France, depuis quelques mois, par des milliers d'individus. Beaucoup, sans doute, ont été comme moi frappés du calme, j'oserai dire de la bonne humeur qui, de votre part, ont accueilli ce blocus des glaces qui vous ont fermé le passage au moment où vous alliez le franchir. S'il eût été franchi, tant mieux, aurait-on dit. Oui, mais l'hivernage passé, ces longs mois d'attente dans une région inexplorée, ne vous ont-ils, ne nous ont-ils servi à rien? Tout nous porte à croire le contraire, et les études faites en ce temps ont grossi les richesses de l'avenir. Ici, Monsieur, vous nous donnez mieux qu'un conseil, c'est un exemple. La patience, la persévérance, l'obstination dans le but viennent à bout de tout. Quant aux obstacles, ils sont toujours passagers quand la pensée de l'entreprise est juste. (Applaudissements.)*

« *Hommage à vous, Monsieur, au nom de la Cité, au nom de notre vieux Paris! (Applaudissements prolongés.)* »

M. Cernesson, accompagné de MM. Hérold et Andrieux, a remis à Nordenskiold la médaille d'or que le Conseil municipal a fait frapper en son honneur, et un exemplaire magnifiquement imprimé de la délibération par laquelle le Conseil en avait décidé la frappe.

L'envers de cette médaille représente l'Art et l'Industrie personnifiés par deux figures de femmes debout, drapées à l'antique et appuyées sur un grand écusson aux armes de la ville de Paris que surmonte la couronne murale.

L'Art, placé à droite de l'écusson, tient, de la main droite, une branche de laurier; de la gauche, une palette, des pinceaux et un marteau de sculpteur. L'Industrie, dont la main gauche soutient une branche de chêne, s'appuie, de la droite, sur un marteau de forgeron. Derrière elle est placée une enclume.

Cette face porte en exergue l'inscription :

Ville de Paris.

La couronne murale est surmontée d'une étoile, et au-dessous de l'écusson la devise :

Fluctuat nec mergitur

se déroule sur une banderole.

Le revers porte en exergue les mots :

République française.

Au centre et dans une couronne de lauriers l'inscription :

Au
professeur
E.-A. NORDENSKJOLD,
la
Ville de Paris.
1880.

Cette médaille, gravée par M. Chaplain, a 73 millimètres de diamètre. Elle est en or massif et d'une valeur de 1500 francs.

M. Nordenskiold, d'une voix émue, a remercié en ces termes :

« MONSIEUR LE PRÉSIDENT,

« MESSIEURS LES MEMBRES DU CONSEIL,

« Je vous prie d'accepter mes remerciements les plus vifs et les plus sincères pour l'accueil brillant que l'expédition de la *Vega* a rencontré à Paris. (Applaudissements.) La réception qui nous a été faite ici, les honneurs dont nous avons été comblés, sont autant de preuves de la sympathie et de l'intérêt qu'on accorde dans votre pays aux travaux paisibles de la science, aux conquêtes pacifiques des idées. (Applaudissements.)

« Si le courageux enfant de Paris qui s'était voué avec une si noble ardeur aux recherches arctiques ne fût tombé victime de son patriotisme, ce serait peut-être un Français qui recevrait les ovations dont je suis l'objet de votre part aujourd'hui. (Applaudissements prolongés.) La médaille que vous venez de me conférer,

Messieurs, sera pour moi un souvenir précieux et un témoignage éclatant du prix qu'on attache, dans la capitale de la France, aux recherches et aux aspirations de la science. (Applaudissements).

« Je vous remercie, Messieurs, pour mon pays, pour mes compagnons et pour moi. (Applaudissements prolongés.) »

La délicate allusion que l'illustre voyageur a faite au regretté Gustave Lambert a soulevé de longs applaudissements.

Avant de lever la séance, le Président du Conseil remercia les représentants de la presse française et de la presse étrangère qui avaient bien voulu faire au Conseil « l'honneur d'assister à cette séance et qui ont ainsi contribué à rehausser le caractère de la réception faite par la ville de Paris à l'illustre explorateur des mers polaires. »

Les invités se sont ensuite rendus dans un salon où ils ont été reçus par le Président et le bureau du Conseil général entourés de tous les membres du conseil. « Messieurs, a dit M. Rety, le Conseil général de la Seine est heureux d'associer ses hommages à ceux de la ville de Paris et de saluer la nation suédoise dans la personne de ses illustres enfants. » On applaudit et on passa dans une salle où un superbe buffet était installé au milieu des fleurs. On servit un lunch exquis. Après la cérémonie officielle les conversations familières. Diverses personnes se firent présenter au prince et à Nordenskiold, et les Suédois qui les avaient accompagnés se mêlèrent aux conseillers municipaux et aux fonctionnaires parisiens.

Avant que le prince Oscar ne prît congé de lui, M. Cernesson lui fit remettre un très bel exemplaire de la collection des anciens plans de Paris que la Ville va éditer. C'est un des premiers sortis de dessous les presses et on l'avait apporté le matin même de l'Imprimerie nationale. On se sépara vers cinq heures et demie, Parisiens et Suédois également émus et satisfaits de cette solennité qui fait aussi grand honneur à Paris, au nom duquel elle a été organisée, qu'aux hommes qui en ont été l'objet.

M. Nordenskiold chez M. Gambetta, Président de la Chambre des Députés.

En sortant de la réception du conseil municipal, Nordenskiold se rendit avec le capitaine Palander chez M. Gambetta, qui était revenu tout exprès de Ville-d'Avray pour cette visite.

« Les voyageurs ont été présentés à l'illustre Président de la Chambre par un de leurs amis parisiens, M. Hecht. L'entretien a duré une demi-heure environ ; il a été très cordial. M. Gambetta, en quittant les explorateurs de la *Vega*, leur a dit qu'il espérait les recevoir bientôt en ami. Ajoutons que M. le général Farre, ministre de la guerre, assistait à l'entretien.

Nordenskiold à l'Académie des Sciences.

Avant de se rendre au conseil municipal, Nordenskiold était allé à deux heures à l'Académie des sciences, dont il est membre correspondant pour la section de géographie et de navigation. Il a été introduit dans l'hémicycle, ainsi que le capitaine Palander qui l'accompagnait.

M. Becquerel, qui présidait la séance, lui a donné aussitôt la parole, et il a lu sur les résultats scientifiques de son voyage un mémoire dont l'Académie a décidé l'insertion *in extenso* dans le prochain fascicule des *Comptes rendus*, bien qu'il excède les limites que les règlements imposent ordinairement à ce genre de communications.

Banquet de la Société de Géographie de Paris.

La Société de Géographie de Paris et les délégués des Sociétés savantes de France ont offert un grand banquet de 235 couverts à Nordenskiold et à Palander, le lundi 5 avril, à 7 heures 1/2 du soir, à l'hôtel Continental. L'amiral de La Roncière le Noury présidait, ayant à sa droite le prince Oscar de Suède et le lieutenant Palander, à sa gauche M. Nordenskiold, le général Pittié, représentant le Président de la République, et M. Cernesson, président du Conseil municipal de Paris. Toutes les sommités scientifiques françaises et tous les voyageurs français de quelque renom s'étaient réunis pour fêter le savant explorateur du passage du Nord-Est.

Plusieurs toasts ont été portés ; l'un d'entre eux surtout a été particulièrement remarquable ; c'est celui de M. de Quatrefages, membre de l'Institut, et l'éminent professeur d'anthropologie au muséum d'histoire naturelle de Paris. Ce toast fait ressortir l'importance scientifique de quelques-unes des découvertes du professeur Nordenskiold et est tout à fait de circonstance dans un banquet fêtant la science. Nous donnons la dernière partie de ce beau discours.

« A chacun de ses retours (on sait que Nordenskiold a fait huit voyages dans les régions polaires), Nordenskiold avait à faire connaître quelque résultat, souvent inattendu, toujours d'une haute portée. J'en rappellerai deux ou trois pris au hasard.

« Dans son voyage au Groënland, à l'île de Disko, Nordenskiold découvrait deux énormes masses de fer natif et nickelé, ramenées au jour par l'éruption des basaltes. Au Spitzberg, il recueillait sur la neige des poussières de fer, également nickelé, évidemment venues du ciel. Du rapprochement de ces faits, de la comparaison de ces masses et de ces poussières avec les aérolithes, ressortent deux conséquences que notre éminent collègue, M. Daubrée, exposait naguère avec une autorité qui me manque en pareille matière. Premièrement, le fer natif que l'on croyait étranger à notre globe, est seulement caché dans ses entrailles. Secondement, notre planète, au moins par certains caractères de composition, est entièrement semblable à d'autres astres. Nordenskiold a donc apporté sa part de démonstration au résultat magnifique qui se dégage d'une foule de faits et de considérations empruntés à des sciences très diverses, savoir : que tout notre univers est composé d'éléments identiques, partout groupés selon les mêmes lois.

« La nature vivante ne pouvait manquer d'appeler l'attention de Nordenskiold à l'égal des corps bruts. Pendant son terrible hivernage au Spitzberg, pendant le long hiver passé à deux journées du détroit de Behring, il faisait casser la glace et draguer la mer polaire. Dans ces eaux, dont la température restait toujours au-dessous de zéro, il a constaté l'existence d'une faune moins variée peut-être, mais plus riche en individus que celle des zones marines équatoriales. C'est comme une revanche de la vie qui, ne pouvant se manifester librement sur le sol découvert, où le froid l'enchaîne et l'arrête, s'accumule sous les flots et redouble d'activité.

« Mais Nordenskiold a démontré que, sur ces terres aujourd'hui désolées, la vie a jadis déployé toute sa puissance féconde. A l'époque houillère, elles avaient leurs palmiers, leurs fougères arborescentes, comme les régions tropicales de nos jours. Pendant la période tertiaire, elles étaient couvertes de forêts de chênes, de platanes, de séquoias, et possédaient à peu près le climat de la Californie. C'est là ce qu'attestent les fossiles végétaux rapportés par Nordenskiold et étudiés par M. Oswald Heer, l'éminent continuateur de notre Adolphe Brongniart.

« Ces derniers résultats n'intéressent pas seulement la zoologie et la botanique ; ils nous touchent de bien plus près. On a cru longtemps et des hommes éminents affirment encore que l'homme n'a pu apparaître que dans une contrée chaude, où il n'avait besoin ni de vêtements ni d'abri, où des fruits sans cesse renouvelés assuraient sa nourriture en attendant que son intelligence fût développée et que ses industries fussent nées. Ne songeant qu'à l'état actuel des choses, ces écrivains placent notre point d'origine dans les environs des tropiques. Mais l'étude des races et des langues humaines nous ramène invinciblement vers la haute Asie. Le refroidissement graduel du globe et l'antiquité géologique de l'homme, deux faits aujourd'hui indiscutables, nous entraînent encore plus loin vers le Nord. Les découvertes de Nordenskiold apportent un argument des plus sérieux à l'appui de cette manière de voir ; et peut-être le temps n'est pas éloigné où il faudra chercher le berceau de l'espèce humaine jusque sous le pôle lui-même.

« Mais je m'arrête. Tous ces résultats, quelque importants qu'ils soient aux yeux de la science, pâlissent et s'effacent devant le grand fait à la fois scientifique et social qui résume le dernier voyage. »

La soirée ne s'est terminée qu'à une heure du matin.

M. Nordenskiold dîna le mercredi soir, 7 avril, à l'Elysée, et quitta Paris le lendemain. M. le Président de la Société de géographie de Marseille remit à Paris à MM. Nordenskiold et Palander, les deux grandes médailles que la Société leur a décernées dans sa séance du 3 janvier 1880.

Nordenskiold à Copenhague.

Le 16 avril, Nordenskiold arrivait à Copenhague avec la *Vega*. Il fut reçu le même jour par le roi, qui lui remit la croix de commandeur de l'Ordre du Danemark, et à M. Palander la croix de chevalier.

M. Nordenskiold envoya de Copenhague la lettre suivante au président du Conseil municipal de Paris :

« Copenhague, 19 avril 1880.

« Monsieur le Président du Conseil municipal
de la Ville de Paris,

« Je ne veux pas attendre le terme de mon voyage pour vous exprimer mes sentiments de gratitude pour l'accueil si flatteur que j'ai reçu de la Ville de Paris. Le témoignage de sympathie dont m'a honoré la municipalité de la capitale de la France m'a vivement touché ; il restera parmi mes souvenirs les plus précieux, d'autant plus qu'il vient d'une nation que j'admire et pour laquelle j'ai depuis longtemps une profonde affection. Je vous prie, monsieur le Président, de vouloir bien faire part au Conseil municipal des sentiments que j'ai l'honneur de vous exprimer, et veuillez agréer, avec mes cordiaux remerciements, mes hommages respectueux.

A. E. Nordenskiold,
« *Chef de l'expédition de la Vega.* »

Le roi de Suède ayant exprimé le désir de voir arriver l'expédition au grand complet à Stockholm, le lieutenant russe Nordquist, déjà rentré à Saint-Pétersbourg, rejoignit M. Nordenskiold à Copenhague.

Arrivée de M. Nordenskiold à Stockholm.

La *Vega* est arrivée à Stockholm le samedi 24 avril, à dix heures et demie du soir, escortée par environ 200 bateaux à vapeur. Les côtes étaient éclairées sur une étendue de plusieurs milles et la ville était brillamment illuminée. Près du débarcadère avait été élevée une estrade du haut de laquelle les autorités de la ville ont souhaité la bienvenue aux arrivants. Au château, le roi a salué les membres de l'expédition ; ensuite M. Nordenskiold s'est rendu en voiture à son domicile dans le bâtiment de l'Académie des Sciences, suivi et acclamé par une foule enthousiaste. Plus de 20,000 étrangers étaient arrivés pour assister aux fêtes organisées en l'honneur de l'illustre professeur et de ses compagnons. La Société de géographie de Saint-Pétersbourg avait délégué à la réception de Nordenskiold à Stockholm l'académicien Schmidt, et l'avait chargé de remettre au chef de l'expédition de la *Vega* la médaille d'or qu'elle lui a décernée.

Le dimanche, 25 avril, a été célébré, à la chapelle du château, un service d'actions de grâces, après lequel le roi est allé visiter la *Vega*.

Des médailles commémoratives du voyage ont été distribuées à tous les hommes de l'équipage.

M. le professeur Nordenskiold a été élevé au rang de *baron* ; le capitaine Palander et M. Oscar Dickson ont été également anoblis. M. Dickson a été, en outre, nommé grand-croix de l'ordre de l'Etoile du Nord, et M. Sibériakoff commandeur du même ordre.

Le dimanche soir, un banquet a été offert, au château-royal, à tous les membres de l'expédition y compris les hommes de l'équipage. Les autres convives appartenaient à la plus haute Société.

Le roi a fait un discours que nous citerons pour terminer le récit du retour du professeur Nordenskiold, qui depuis Yokohama jusqu'à Stockholm, en passant par Singapour, Naples, Lisbonne, Londres, Paris et Copenhague, n'a été qu'une longue série de triomphes.

Le roi s'est exprimé ainsi :

« MESSIEURS,

« Diaz, Vasco de Gama, Christophe Colomb, Magellan, Cook et d'autres noms illustres ont découvert de nouveaux mondes au delà de mers inconnues. Mais un manteau de glace couvrait encore la côte septentrionale du continent qu'on nomme le berceau du genre humain. Il était réservé à notre siècle de briser cette enveloppe glacée. Le drapeau suédois flotte au-dessus de la première proue qui ait fait le tour de l'Asie. Ce grand événement est aujourd'hui accompli.

« Le peuple suédois tout entier salue avec enthousiasme les héros qui ont combattu et triomphé. Salut d'abord à Nordenskiold, le chef de l'expédition qui a trouvé le passage du Nord-Est ! et, à côté de lui, à Palander, l'intrépide capitaine de la *Vega !* Autour d'eux se groupent de hardis explorateurs et marins, qui ont partagé les périls et aujourd'hui partagent la gloire. L'histoire conservera le souvenir de la *Vega* au pôle Nord. Notre chère patrie a gagné de nouveaux lauriers qu'elle joint à ceux du temps passé ! Honneur à ceux qui les ont conquis ! Au nom du peuple suédois et en mon propre nom, je leur adresse à tous l'expression de notre reconnaissance et de notre admiration. »

Nous avons cru rendre service à la science et aux explorations en réunissant en un tout les discours prononcés à l'occasion du retour en Europe de M. le professeur Nordenskiold, et en donnant un historique à peu près complet de cette grande expédition, qui place celui qui l'a conçue et exécutée au premier rang dans la science et la géographie.

Nos chers élèves de l'Ecole supérieure de commerce de Marseille, qui m'ont supplié de faire paraître ce travail à part, chacun d'eux désirant le posséder, se convaincront, en le lisant, de la vérité du beau vers des Géorgiques de Virgile :

Labor improbus omnia vincit.
(Un travail opiniâtre vient à bout de tout.)

La science, par ses nobles travaux, a conquis la première place dans le monde, et elle la conservera pour assurer, par le progrès, l'avenir de l'humanité. Honneur donc à la science et à Nordenskiold son fervent disciple !

P. BAINIER.

ITINÉRAIRE

Du voyage de NORDENSKIOLD

1878 — 4 Juillet. Départ de Gothembourg.
        30 » Arrivée au Détroit d'Yougor.
        14 Août. Passage du Détroit de Taïmour.
        19 » On double le Cap Tchéliouskine.
        24 » Arrivée à la Baie de Katanga.
        27 » A l'embouchure de la Lena, le navire la *Lena* se sépare de la *Vega* et retourne en Europe.
        30 » La *Vega* double le Cap Sacré.
        3 Sept. Arrivée à l'Ile des Ours.
        8 » Arrivée au Cap Jakan.
        14 » Départ du Cap Jakan.
        28 » Arrivée à la Baie de Kolioutchine. Les glaces entourent la *Vega* et l'empêchent de passer le détroit de Behring. La Baie de Kolioutchine n'est qu'à 550 kilomètres du détroit de Behring.

1879 — 18 Juillet. La mer paraissant libre de glace, la *Vega* quitte la baie de Kolioutchine.
        20 » Arrivée à la baie Saint-Laurent et à Port-Clarence.
        19 Août. Départ de l'ile de Behring.
        2 Sept. Arrivée à Yokohama.

Carte de l'exploration de la «VÉGA» d'après Nordenskiöld

www.ingramcontent.com/pod-product-compliance
Lightning Source LLC
LaVergne TN
LVHW051501090426
835512LV00010B/2267